王學之

中州學派經典系列 七

方術紀異 上

圓方立極

「天圓地方」是傳統中國的宇宙觀，象徵天地萬物，及其背後任運自然、生生不息、無窮無盡之大道。早在魏晉南北朝時代，何晏、王弼等名士更開創了清談玄學之先河，主旨在於透過思辨及辯論以探求天地萬物之道，當時是以《老子》、《莊子》、《易經》這三部著作為主，號稱「三玄」。東晉以後因為佛學的流行，佛法便也融匯在玄學中。故知，古代玄學實在是探索人生智慧及天地萬物之道的大學問。

可惜，近代之所謂玄學，卻被誤認為只局限於「山醫卜命相」五術、及民間對鬼神的迷信，故坊間便泛濫各式各樣導人迷信之玄學書籍，而原來玄學作為探索人生智慧及天地萬物之道的本質便完全被遺忘了。

有見及此，我們成立了「圓方出版社」（簡稱「圓方」）。《孟子》曰：「不以規矩、不成方圓」。所以，「圓方」的宗旨，是以「破除迷信、重人生智慧」為規，藉以撥亂反正，回復玄學作為智慧之學的光芒；以「重理性、重科學精神」為矩，希望能帶領玄學進入一個新紀元。「破除迷信、重人生智慧」即「圓而神」，「重理性、重科學精神」即「方以智」，既圓且方，故名「圓方」。

出版方面，「圓方」擬定四個系列如下：

一．「智慧經典系列」：讓經典因智慧而傳世；讓智慧因經典而普傳。

二．「生活智慧系列」：藉生活智慧，破除迷信；藉破除迷信，活出生活智慧。

三．「五術研究系列」：用理性及科學精神研究玄學；以研究玄學體驗理性、科學精神。

四．「流年運程系列」：「不離日夜尋常用，方為無上妙法門。」不帶迷信的流年運程書，能導人向善、積極樂觀、得失隨順，即是以智慧趨吉避凶之大道理。

在未來，「圓方」將會成立「正玄會」，藉以集結一群熱愛「破除迷信、重人生智慧」及「重理性、重科學精神」這種新玄學的有識之士，並效法古人「清談玄學」之風，藉以把玄學帶進理性及科學化的研究態度，更可廣納新的玄學研究家，集思廣益，使玄學有另一突破。

作者簡介

王亭之原名談錫永，廣東南海人，一九三五年生。童年受家庭教育，植好國學基礎。於香港雖從事金融行業，卻成名於文化界。以機緣巧合，得中州學派傳承，經用心研究，將此傳統學術結合現代社會文化背景後，決心將之公開，以期令其得以廣弘。

然而一生用功之處卻在於佛學，近年編譯四套叢書共六十餘種，皆為次第弘揚如來藏思想之作，廣受國際佛學界注目。

近年於加拿大創辦「北美漢藏佛學研究會」，有二十餘位國際佛學者加入；於北京協同成立「漢藏佛學研究中心」，兼任中國人民大學客座教授，講授佛學，及培養漢藏佛學研究人材。

自序

對於方術，王亭之一向抱着既不全面否定，亦不全面肯定的態度。為什麼不否定，因為有些人的確具有超乎常人的根識，例如人的聽覺受聲波幅度限制，假如能超越這些限制，那就可以聽到一般人所不能聽到的聲音，在方術的層面，就可以稱為「道術」，或如今人之稱為「異能」。

然而為什麼又不肯定呢？

任何方術，包括星相風水，都有它的局限性，是故許多稱為「大師」的人，漁色漁利或者得意，可是其際遇卻往往不足為外人道。由是可見方術之不足盡恃。至於不學無術之輩，假方術之名，迹同行騙，那就更不在討論範圍之內。

了解方術的局限，非常重要，否則便會變成迷信。古往今來，許多人即因迷於方術而致身敗名裂，甚至國破家亡。這些人認為方術萬能，卻不了解業力的重要。

佛家說業力，即所謂因果。然而因果卻非宿命，因為單獨具有一因，並不能立即生起善惡果報，必須還要客觀條件成熟，因才能生果。此即如單獨一粒種子不能生成果實，必須種植、培養，才能種瓜得瓜，種豆得豆。所以果報的生起，除因之外還須具備諸緣。人若能依佛法修行，善緣具足，惡緣不生，則自能會善因生善果，而惡因則不起，由是命運便發生改變。

但倘若恃着方術，利用方術，以為可藉此以求名利而不擇手段，那麼，所作皆為惡緣，自然所生唯是惡果。

因此，必須站在「因果」、「緣起」的立場來對待方術，然後才不致迷於方術，而能善用方術。

本書名為《方術紀異》，目的卻並不在於利用「異」來眩惑人心，讀者應於「異」的背後知其局限，且能知緣起，然後才能了然於方術的作為。所以說起來，學佛實在比學方術重要。學佛又須求解脫而不求執着於自我的福報，然後才不致為「異」所誤。是有厚望於讀者。

一九九七年七月 王亭之於圖麟都

目錄

巫蠱篇

異能篇

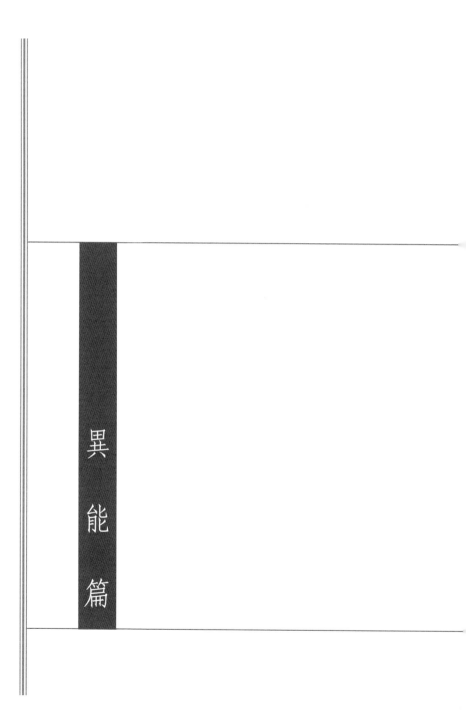

前言

王亭之作客圖麟都，客舍每多座客談玄說術，至中夜始散。於是興致勃然，取歷代筆記小說尋閱校理，便覺得我國方術博大精微，實在值得研究。

方術其實可以分為兩大類。一類今人稱之為「異能」，古人則稱之為「法術」。但法術亦往往跟變戲法的魔術相混。美國有位變走自由神像、穿過萬里長城的魔術大王大衛·高柏菲爾，接受電視訪問，便說自己的魔術有參考中國「道家魔術」之處，由是實可知「異能」的真相。

另一類則是術數。它的範圍很廣，占卜類有易卦、六壬；風水類有風角、玄空、推自人的祿命則有五星、子平、斗數。此外還有詳夢、拆字，以至兩頭箝、三世書等等。每類術數都代代有能人，因此便亦留下許多術數的故事。

正如「異能」之摻入魔術，術數亦每每摻入許多江湖伎倆。有一本《英耀賦》，便完全是說怎樣由來客的舉止，推測他的心理，由是術者便可以捉其心理，一讚一彈，加上恐嚇，人便每每推為神算。

所以我國方術雖博大精微，其實亦包含不少糟粕。而且，所有的方術都有它的局限，是故世上絕無吃飯的神仙。

在開始這篇《方術紀異》之前，先行作如上的交代，讀者幸勿以為宣揚迷信。對許多故事，實應加以思索，則不致為表象所愚也。

「五鼠運財」目睹記

王亭之親自見過一次「異能」表演，是在童年。先父有一好友，姓程，業律師，可是他的律師業務卻不見得好，每晚便來舍下吃晚飯，兼且「打三星」抽鴉片煙。

有一次他對先父說，長年叨擾，無以為報，因此願意將其下茅山大法傳給王亭之，但要拜師叩頭，還要在祖師神位前立誓，妻財子祿任損其一。他還建議，王亭之可以立誓損妻，蓋夫妻如衣服也。他自己當年跟妻室過分恩愛，因此立誓損子，果然年老無子，如今甚為懊悔。

先父當時聞言，便婉轉推辭。同時乘機請他表演一下茅山的法術。程叔叔起初不肯，但一齊「打三星」的煙友卻激將說：「你不肯表演，人家怎肯把兒子交給你做徒弟？」經此一激，他便答應表演一個茅山大法：「五鼠運財」。

他在屋內勘踏一番，然後盼咐先父教人將柴房收拾乾淨，再在地上鋪上一張白布，並取一個大簸籮備用。一切準備妥當之後，他便吩咐，全屋人的錢箱都要放一把米，袋中如有鈔票，亦要取出來放在抽屜，鈔票上亦要放一把米。如是諸事妥當，他就開始作法了。

他起初是在柴房外唸咒，一邊唸一邊忽進忽退地走步，先父便對王亭之說：「這種走法叫做禹步。」

從禹步作法之後，程叔叔便招王亭之過來，示意跟他一起入柴房，並親手關上門，又圍着地上的白布來禹步作法。良久，才叫王亭之把簸籮翻轉，覆在白布之上。

這時，他又圍着白布唸咒畫符，然後拖着王亭之的手走出柴房，再把柴房門關好，又在門上唸咒畫符一番。

柴房前的天井，這時已站滿了人，程叔叔把他們趕開，只命王亭之守着柴房門，天井裏不得站任何人。

然後他又優哉游哉，回內廳躺在羅漢床上，「打三星」抽鴉片了。過足癮頭，才出來叫王亭之打開柴房門，揭起簸籮來看。

一看，王亭之尖聲大叫，一疊港幣不知何時已端端正正放在白布之上。於是拿起來，入內廳交給先父。程叔叔對先父說，這些錢不能留，要馬上買消夜吃。眾人一看時鐘，其時已是半夜，當時廣州的店舖關得早，三更半夜已沒有什麼東西可買，數數那疊港幣，數目不少（好像是七八十元），那怎能把它花光呢。眾人計議一番，才決定派傭人去長堤買生果，因為長堤有女伶唱曲，歌樓下的生果檔一定未關。

兩個傭人把生果買回來，足三四籮，什麼水果都有，幸虧看熱鬧的人還未睡覺，人多好合作，一下子就把水果吃光。一邊吃，自然一邊嘖嘖稱奇，還盤問王亭之，到底他有沒有漏洞。

生果吃罷，程叔叔叫人傳話各房，檢點有沒有不見鈔票，同時可將壓着錢箱或鈔票的米拿開，但卻不能放回米缸，亦不能用來餵雞，只能丟在垃圾桶。

各人點檢查完畢，都回報無事。程叔叔便神秘地一笑，對先父說：「你明天叫人送一百元港幣給隔兩家的補鞋佬。」

第二天，傭人給補鞋佬送錢，補鞋佬自然問因何事，傭人便一五一十將程叔叔昨晚表演「五鼠運財」的事告訴他，補鞋佬連忙回房去找，出來時，說他的積蓄統統不見了。不過收回一百元補償，那就比所失更多。

程叔叔原來吩咐眾人，不可把「五鼠運財」的事張揚，然而人多口雜，哪裏禁止得了，故事於是愈傳愈眾，程叔叔於是便搬了家，再不跟我們同街了。先父在時，他還時時來往，及先父逝世，辦完喪事之後，他卻便絕迹不來了，因為他還表示過要收王亭之為徒，卻給家母頂撞了兩句，他不來，大概生氣了。

這次「五鼠運財」的事，王亭之始終莫名其妙，歟為既然錢的確從隔兩家的補鞋佬那裏運來，便不可能是掩眼法。

但亦有人說，可能還是掩眼法，他自己把錢放進簸籮之下，第二天叫補鞋佬認數，他們彼此相熟，應該絕無問題。

事情真相到底如何，恐怕永遠成為懸案。

茅哥表演求雨術

王亭之一生似乎特別跟方術之士有緣，五十年代末期，王亭之賦閑在家，讀書寫畫，修煉道家西派的內丹，偶然到越秀山的流花茶室下盤圍棋，則必順便於晚飯後欣賞廣東曲藝團的演唱，生活得十分優游。就在下圍棋的場合，便認識了一位茅山師傅。

這茅山師傅姓姚，下四府人，就在王亭之所住的街尾開一家小雜貨店。跟他認識，是因為買香港煙。那時香港煙只有一個牌子：「好彩」，每包人民幣一元一角，整條買便只賣十元。王亭之每月要買十五六條煙，算是大主顧，加上他喜歡下圍棋，常常在雜貨店的櫃台擺一局棋，只有王亭之才是他的對手，因此便相交莫逆。

既相熟了，便無事不談，他看得出王亭之修道家，又說道家西派有許多上茅山的功法，只不過沒煉上茅山的「五雷都功」，因此不懂斬邪治鬼。經王亭之追問，他自認學過上茅山，是神霄派的弟子，不過算是輩分低。

上茅山分神霄、清微兩派，一向以清微派為正統，祖師是晉代的魏華存夫人。神霄派則是支流，在宋代時出過一位白玉蟾，因此才一度聲勢顯赫。白玉蟾是海南島人，於修煉丹法之外，還練「雷法」，所以神霄派便亦有斬邪治鬼、醫瘟疫、求雨這一套畫符噀水之術，道家西派則不屑為之。

從此，王亭之便把這姚師傅稱為「茅哥」，不知道的人，還以為王亭之說他下棋下得「茅」，因為他久不久就爭着要回棋。

那茅哥不斷勸王亭之想辦法去香港，又說其實不捨得，因為在廣州，他就只有王亭之這麼一個忘年交。他又悄悄打聽，道家西派是不是修「房中術」，可不可以過兩招給他。王亭之只笑笑不答。

後來忽然有一天，他一本正經要約王亭之去越秀山聽雨軒吃晚飯。到了聽雨軒，他特意選一個偏僻的座頭坐下，自斟自飲一會，才對王亭之說，他真的很想學房中術，因為神霄派本來有這一套功法，學完雷法，便要學房中，然後才可以進高一層境界。只是他當年學法，對房中只知皮毛，所以多年修煉未有進境，是故便來討教，甚至可以拜師。

王亭之說：「你年紀大我二十幾三十年，怎可以拜師。」茅哥卻說：「那就不妨互相交換。」他可以教王亭之神霄派的雷法。接着便把雷法說得天花亂墜。

王亭之要他表演一兩手來看，茅哥想了想，說道：「好吧，我下一場小雨給你看。」

他於是便叫伙記拿來一杯清水，對着水唸唸有詞，又凌空在杯上畫符，良久，拿起那杯水走到窗前，像漱口般向空噀水，然後施施然回座，叫王亭之稍候五分鐘，包管要拜他為師。

果然，真的隔五分鐘，窗前就淅淅瀝瀝灑起雨來。這時，茅哥一直放在枱下的雙手，突地向上一揚，王亭之才知道他回座後一直結着手印，如今是往頂上散印。

不一會，雨就停了。茅哥得意洋洋，望着王亭之，等王亭之開口，他以為一定要求傳法了，誰知王亭之卻說：「才下二三十秒鐘的雨，不過是掩眼法。這是下茅山的伎倆而已。」

茅哥這時，只好嘆一口氣點點頭，承認是下茅山的法術，因為上茅山神霄派的雷法要結壇，不好在此地表演。說到這裏，他才自報師門，跟王亭之娓娓而談他的學法經過。

茅哥學茅山術

茅哥小時候家裏很窮，父親是個道家的法師，屬正一派，即是所謂喃嘸佬，鄉人則稱之為姚道士。兄弟姊妹一共十一人，靠父親做點小法事，實在維持不了生計，所以他從小就替人放牛，自己養活自己。

有一次放牛，發現牛隻吃山腳的草，不肯上山去吃，十幾隻牛，隻隻如是。開始他也不以為意，後來山腳的草吃光了，牛再不上山就無草可吃，因此就鞭趕那些牛隻，然而牛卻都仍然不肯上山，他心想，山上到底有什麼怪事呢，莫不是有蛇？

那時他雖然只才十歲不到，不過光天化日，倒也不害怕，隨手撿起一根竹枝，便慢慢沿山徑撥草而上，想看個究竟，於是便一直上到山腰。

這時茅哥回頭一望，卻見有兩三隻牛已肯追隨着他，沿山徑而上，邊走邊吃山徑旁邊的野草，心中一喜，便坐下來，招呼牛群上山。

坐下不久，卻忽見天色突然暗下來，山風四合，吹得他毛骨悚然。心想莫非要下大雨，便立刻站起來向山下跑，邊跑邊招呼牛群下山。及至下得山來，真作怪，才一到山腳，卻依舊日色晴明，風平浪靜。

茅哥是小孩子心性，不忿氣又沿着山徑往山上跑，才到山腰，卻見天色冥合，風吹樹搖。他脾氣倔強，便站着不動，且看有何變化。然而站了良久，卻不見有異，望望牛群卻正聚在山坡上吃草，一時好事，便丟開牛群不管，逕自上山。

上到高處，隱隱聽見有些聲響，他站着細聽，又聽到有人搖鈴。這裏的山勢他很熟，便尋聲轉過山去，去到一處山巖，他知道那裏有一個巖洞，相當隱蔽，傳說古代曾有人在洞裏升仙。於是他便爬過山巖，向巖洞走去。這時天色更暗，山風更大，甚實有點心驚。不過愈走愈近巖洞，唸咒的聲音便聽得愈清楚，他才大着膽子，要看到底是什麼人在這裏作法。他看父親作法看得多，對作法倒也不怕。

才轉入往巖洞的路，就見有人披起道衣，在巖洞的草坡前，結壇燒紙，搖鈴噀水。望望這個人，似是鄰村的人，面口有點熟。

那道士見到茅哥，不很開心，卻用眼色示意他走到自己身邊。茅哥一站定，便立時覺得風勢小了許多。他心性頑皮，還想再走開去試試，看是不是一離開那道士，風勢就覺得大。那道士卻嚴厲地看他一眼，茅哥才不敢走動。

道士又煉了許久，後來他向東一喝，一比手印，隔一瞬，東方隱隱起了一聲雷，那道士才笑了笑，於是作法結壇。他說自己煉了雷幾天，今天遇到茅哥，才初步練成，所以跟茅哥有緣，便拿着壇上的供品，分給茅哥吃。他們一老一小，邊吃邊談。

道士又問茅哥的生辰八字，掐着指頭算了一會，知道他是姚道士的兒子，很高興，當下也不說什麼，只叫茅哥快點下山。

第二天，茅哥照樣放牛，牛群卻自動溜上山腰吃草了。及至黃昏回家，卻見昨天碰到的道士，正跟父親坐在門前。道士見到茅哥，笑了笑，他父親卻叫他向道士叩頭，又叫妹妹捧一盞茶出來，叫茅哥遞給那道士。

茅哥做完，父親便對他說，他福氣好，碰到道長肯收他為徒，幾天，就會送他到鄰村，做道長的道僮。茅哥聽說要離家，心中不很願意。那道士似乎知道他的心事，拍拍他的膊膀，對他說：「就在鄉村，有什麼了不起，將來你離家還要離得遠。」他父親也接口說：「男兒志在四方，離家有什麼不好。」

從此，茅哥便住在那道士家裏，道士不准他喊師傅，只叫他三表伯，因為他們兩家算起來，原來有點表親的關係，對外人只說姚道士孩子太多，所以送他來做「住年」，即是幫閑工的小工。外人也不疑心。

茅哥安頓下來，就跟三表伯修煉。他只告訴王亭之一點大概，叫做「春拜雷、秋拜斗」，即是春天趁着雷響時煉功，秋天晚上則望着北斗七星來煉。這時候，就可以吸收雷氣與斗氣。煉功煉到一個階段，便學結壇，畫符唸咒，還要學魁罡指印，以及作法時用的步法。如是一學十年，才回家娶妻。

那時候，家鄉剛剛解放，三表伯給了他點盤纏，叫他們夫妻出廣州去謀生，還給他一個地址，到廣州可以依址找三表伯的朋友照顧。

三表伯的朋友，原來是下茅山的術士，見面後，看過三表伯的信，很高興，知道他是三表伯的唯一傳人，便相當照顧，後來相處久了，便又收茅哥為徒，傳他點下茅山的法術。茅哥從此便在廣州安頓下來。幾年間，他的父親以及兩個師傅都相繼去世，他只回過家鄉一次，取走三表伯遺下的一些道書，又保存了下茅山一些符咒的抄本。他說，可以給王亭之看，其中有一本下茅山的「祝由科」符咒，跟坊本完全不同，他修習過，不過未修好，所以不敢用來跟人治病。

祝由科神術治駝背

王亭之對祝由科感到興趣，是由於有一家街坊，姓鄔，為番禺富戶，他們家有一位小姐，生來駝背，後來曾一度為祝由科治好。後來這家人的十五少爺，恰恰跟王亭之做同班同學，彼此來往甚密，聽他的敍述，便更知道事情的始末。

他親眼看着姊姊治駝背。祝由科醫生來到，啟壇畫符唸咒一番，然後在大廳正中擺放一個「豬腰盤」——這種盤，上四十歲的人一定見過，用鋅鐵製造，給小孩子洗身，就用這種盤。祝由科在盤內放下一隻田雞，吩咐主人家往盤內添上一寸水，然後在盤邊放一張矮櫈，那就是廣府人稱為「櫈仔」那一種。

擺設完畢，又在盤內燒一張符，便教人帶那女孩出來，站在矮櫈上。吩咐主人家，他一邊唸咒燒符，一邊要叫女孩自動跳下盤內，不得推她。當時主人家見他準備一大疊符，心想，就這麼一跳就完事了，要這麼一大疊符幹嗎？

誰知，那女孩子一站上矮櫈，往盤中一望，就硬是不肯跳。女孩已經七八歲，照道理，就這一尺不到的高度，跳下去應該沒有什麼可怕。全家人拚命鼓勵她，她不跳就是不跳，眼見祝由科手上的符，已經燒了大半疊，眾人不由得心焦。那祝由科半閉着眼睛唸咒，也唸得滿頭大汗。

就在這時，那祝由科便大喝一聲了。

駝背女孩忽地臉色慘白，隨即尖叫，人卻已掉下盤中去了。眾人才鬆一口氣，皆大歡喜。

祝由科又往盤中燒符，不住唸咒，良久事畢，吩咐主人家就用這個盤替女孩沖涼。可是，由於那女孩子的緣分不夠，因此她必須終身不得吃田雞，如若不然，駝背會復發。

說也奇怪，女孩經此一跳，慢慢就覺得她的脊骨長直了。一家人自然非常歡喜。

可是，他們是富戶，講究不時不食，每到田雞肥美之時，自然享受田雞食制，番禺人特別喜歡生滾田雞粥，那時種田不下農藥，田雞便特別鮮美。

他們家孩子多，便不懂忌諱，每吃田雞必嘖嘖稱好，那女孩只好聽着，乾流口水。她到底是孩子心性，不知厲害，便老是纏着媽媽，要試一試田雞的滋味。

如是捱了兩年，又到田雞當造的季節了，那母親畢竟心軟，有一次，就在田雞腿上撕下小小一塊肉，放在那女孩嘴中，讓她嗒嗒味道。誰知這樣一來，就闖出大禍。

那女孩的背骨，從此便愈長愈曲，過得一年，駝得比從前還要厲害。再去找那祝由科時，祝由科拒絕再醫治。

這樁故事的目擊者，如今尚在澳門。

符水止牙痛

王亭之因知道鄔家女孩治駝背的故事，聞說茅哥有下茅山的「祝由科」秘本，於是便大感興趣，央他把秘本拿來一看。茅哥做張做致一番，然後約在越秀山的竹林茶室喝茶。

當時不知為什麼，忽然提倡飲食文化，竹林茶室便以賣「工夫茶」馳名，然而去享受的人卻不多，因此茶室十分清淨。翌日，王亭之赴約，茅哥果然拿了一本朱墨鈔本來，有符有咒，古意盎然。

王亭之把書揭起一看，不禁爽然，依稀記得跟家藏的鈔本《三部八景二十四玉符圖》相似，因對茅哥提起，茅哥滿腹懷疑，便要立即跟王亭之返家，把兩本書比較。王亭之這時，卻注意到茶室有一個女企堂，正留意着我們兩人，心念一轉，知道不妙，竹林茶室太幽靜，又多閑人，情治機關佈置一兩個人在此放哨，一點也不稀奇，因便對茅哥說：「待喝完茶，再去看書不遲。」一邊說，一邊用手指蘸水，寫「公安」二字，茅哥醒水，便天南地北地跟王亭之閑聊，話題圍繞着工夫茶。王亭之又把書豎起來閑翻，那女企堂終於忍不住，走過來問要不要吃芝麻糖花生糖，王亭之知她來意，便把書翻開，對她說：「我剛剛牙痛，他說這本書有治牙痛的秘方，拿給我看，我還怎能吃糖。」那女企堂大概見到書中果然有些處方，才笑一笑走開。

如是在茶室盤桓一會，茶過四巡，才埋單偕茅哥返家，翻箱倒篋才將那本《玉符圖》找出來，跟茅哥的「祝由科」古鈔比較，開頭的二十四道符果然一樣，但末段多了四五十道符，而且還有一些處方。

王亭之於是跟茅哥說：「看起來，祝由科跟上茅山的神霄、清微兩派恐怕也有淵源，因為《玉符圖》是上茅山的符籙。」

茅哥問：「你學道家西派，怎會有上茅山的符籙？」王亭之說：「這鈔本是祖父所傳，祖父跟一位劉星台法師是好朋友，你看，鈔本末頁不是有一個劉星台的收藏印嗎？」

那收藏印刻圓朱文，印文是「劉伯溫二十世嫡孫劉星台印記」。茅哥看到，不勝羨慕，他哪裏知道，先祖父跟劉星台的交往，實在也牽涉到江湖異術（後詳）。這些故事，後來王亭之也跟茅哥提過，當時王亭之實在真有點牙痛，便央茅哥試一試他的祝由科。

茅哥問，有沒有硃砂？王亭之當時正學畫宋院花鳥、金碧山水，硃砂當然有，便把筆硯硃砂黃紙取出。茅哥把鈔本中治牙病的符找出來，虛空臨寫幾狀，然後唸唸有詞，凝神片刻，提筆蘸硃砂在黃紙上一氣呵成將符畫好，囑王亭之將符焚化，用井心水調符灰服。

也不知是真是假，服了符水之後，牙痛頓止，過了兩三天才再度發作。

道家門派大略

道家的門派很多，有的專司齋醮，有的專司符籙。即使是符籙，亦大致可分成三類——超度亡魂、驅邪治鬼、符水治病，從前各有專業，如今則一通百通，真可謂超邁古人。

由宋代起，道家開始分宗分派。至元代，朝廷命張天師掌管「三山符籙」，即龍虎山、閣皂山與茅山。從此凡符籙一派，都歸入張天師一系，稱為正一派。這一派便跟煉丹的道流對立起來。

煉丹分「外丹」與「內丹」。外丹一派，即是燒汞點金、燒藥煉丹之類，在宋代開始式微，可是在明代卻又活躍起來，然而外丹燒煉的性質卻已變，變成專科製造春藥。

內丹一派，是道門的正宗，專主煉氣養生，認為人體即是爐鼎，以天地之氣為藥，便可以在人體爐鼎中結丹，丹成即便升仙。由宋至清，分為兩宗四派，即南宗、北宗，與東派、西派。除北宗外，其餘的宗派又分為清修與陰陽兩派，所謂陰陽派，即兼修房中術。

因此無論外丹與內丹，此系的道流，其中都或多或少跟房中術有關。

茅山的道士情況比較複雜。上茅山的道士以煉內丹為主，但卻兼攝符籙。下茅山的道士以幻術變化為主，亦兼攝符籙，「祝由科」即屬於下茅山的系列。可是兩派其實都有房中術，只不過傳授得非常秘密。

必須理解如上的派別，才能理解道家的方術。

茅山祖師魏夫人

像茅哥，學的原是上茅山的道法，為上茅山支流神霄派的弟子，可是他們除了煉氣之外，還習「五雷都功」，這就與符籙有關了。因為使用「雷法」便要畫符唸咒。

然而煉五雷的人，春天吸收雷的能量，秋天吸收北斗七星的能量，便需要將能量加以運用，這時候，便又乞靈於房中術，認為必須藉陰陽的交媾，然後才能將得自天然的能量，與人體本身的能量化成丹胎——在道書中，將能量稱之為「炁」。

這樣一來，明明是屬於內丹流派的清微、神霄兩派，便跟符籙與房中術扯上關係。

事實上，茅山派一開頭恐怕就跟房中術很有關係。茅山派的第一代祖師是個女人，名魏華存夫人。她生於魏嘉平四年（西元二五二年），卒於晉咸和九年（三三四年），享年八十三歲。她二十四歲嫁給太保椽劉文為妻，大概四十歲左右，因修道的緣故，便與夫分居。據說，因此感動了四位神仙下降，其中有一位與魏夫人關係重大，名曰王褒。

王褒名號很多，或稱為小有天王、小有神仙王，或稱為清虛真人，是漢代一位很有名的道士。魏夫人跟他相處多年，因此得道。以此之故，頗有人懷疑魏夫人跟王褒實在於煉氣之外，兼修房中術，然而清修派的道流對此則加以否認。

如果細讀魏華存夫人為王褒所作的傳記《清虛真人王君內傳》，則說王褒修房中術，實有踪迹可尋。

傳記說，王褒隱居洛陽，感動到南極夫人降臨，南極夫人又派西城真人教王褒道術；後來又見到主仙道君，道君便令侍女范運華、趙峻珠、王抱臺向王褒傳以秘笈。王褒學道九年，然後重見南極夫人，以後又謁太真上清夫人。道成以後，有兩位仙姬侍候，名清真左夫人郭靈蓋、右陽玉華仲飛姬。他的仙號則名「太素清虛真人」。

依傳記所言，王褒學道，一生跟女性的關係密切。是故傳說他修房中術，實在並非虛構。

還有一點，當日四神仙下降魏夫人靜室時，每一個神仙都携着一位仙姬。太極真人的仙姬名「北寒玉女宋聯消」；方諸青童的仙姬名「東華玉女燕雲珠」；扶桑暘谷神王的仙姬名「雲林玉女賈屈庭」；清虛真人王褒的仙姬名「飛玄玉女鮮于靈金」。由是猜測，這四位神仙，其實無非只是修房中術的道流。如若不然，要「玉女」來幹什麼？

四神仙既降魏夫人室，又設酒餚飲宴唱樂，仙姬奏曲，神仙唱歌，王褒唱的歌最露骨：「解襟庸房裏，神鈴鳴蒨粲」，神仙於女人的房中「解襟」，其事可知。由是道家西派說魏夫人修房中術，實不為無稽。

魏夫人有一弟子名楊羲，他的得道，則傳說是因紫微王夫人與九華安妃降於其家——這段故事甚為奇詭，值得一說。

九華安妃與楊羲初會時，跟隨着紫微夫人，夫人身量大，她身形小，是故楊羲不見。及至紫微夫人閃開，楊羲然後始得見此天人——九華安妃穿着雲錦裙，一身上紅下青，文彩光鮮。繫着一條綠繡帶，帶上繫着十數個小鈴，一青一黃相間。頂上結髻，餘髮下垂至腰。佩戴着玉珮、指環、珍珠約臂，望之如十三四歲。這身裝扮，令楊羲目眩。

紫微夫人介紹說：「今有貴客來也。」楊羲立刻起立。紫微夫人卻說：「可不須起，但當共坐。」

你說，這樣的相見排場，哪裏像神仙來降俗人家。其後紫微夫人還問楊羲：「在塵世中見過這樣的人才嗎？」楊羲答道：「靈真高秀，無以為喻。」接着九華安妃便問楊羲的年歲，楊答道：「三十六歲，庚寅年九月生。」如此問答，當然更不像仙凡相會。

接着九華安妃便取筆墨題詩，贈給楊羲，還說：「今以相贈，以宣丹心（吐露心事）。若詩中有不明白的地方，你自己慢慢去想。」

這樣一來，就更似古代的男女調情。九華安妃從此即留下來，經二十二年。是故楊羲的道法，實亦有房中術之嫌。

唐太史治背疽

王亭之居夷之時，結識了一位教授，漢名蘇海雷，實際上是個地道老美。他是上茅山清微派弟子，也習「五雷都功」，其人即不諱言自己陰陽雙修。近年其人留戀北京，原因即是找到了雙修的對象，且打算結婚云云。

因此，世傳清微派是清淨派，照王亭之的看法，實在不確。指出這點，對研究方術非常之重要。

為什麼呢？因為道家畫符，重要的並不在符的本身，而是在乎畫符的人，怎樣將精神貫注於符籙。所以「祝由科」的畫符，施術者的「法術」，應該包括精神因素在內。倘如施術者酒色財氣，精神散渙，則所施的術必然不靈驗，蓋符咒本身不足恃也。

王亭之早年跟王子畏師學《虞氏易》，子畏師即曾對王亭之說過一個故事——

他的老師唐太史晚年生背疽，群醫束手，於是請一位「祝由科」來施術。術者唸咒畫符之後，用一根長鐵釘，釘進唐府門前一棵樹上，說也奇怪，唐太史的背疽便日漸痊癒，不十日即結痂平復，而門前那棵大樹，給釘過的地方卻生了一個樹瘿，那是術者將背疽移到樹上去了。唐太史驚為神術，便題字為術者揄揚，從此術者便生意興隆。可是，術者亦從此染上了賭癮，漸漸，所施的符籙不再靈驗了。

由這故事可知，長養精神對符籙十分重要。

林琴南說人妖

施符籙的人，有兼習房中術者，原因即在於他們藉此長養精神。

清末林琴南的《畏廬瑣記》，有一則題為《人妖》，所記即關於房中術的事——

廈門有一女子，十七歲出嫁，十八歲即守寡。有人教之以房中採補之術，此女即便告辭夫家與母家，拿着一點點資金，便開一家鞋店，店中僱工匠一二人，但卻招二十八個少年來做學徒，這些學徒一入店後，個個用心學藝，學成之後又不計工資，繼續留在店內做工匠，以此之故，鞋店便賺大錢。至宣統年間，此女便成小康，而其時她年已九十有八，可是看起來卻像四十多歲的樣子。

原來她每夜跟四個學徒採戰，以七日為一周，是故便須二十八個學徒。凡輪值的四人，是夕例得食補品，與先一夜輪值的四人同食，即是七日之內得進補兩餐。

這些學徒，一到二十五歲便遣散，遣散費三百大洋，不可謂少。即使肯留在店裏，從此亦不得當值。

林琴南說，此事由詩人陳石遺告知。且謂其後仍見此女，蓋百餘歲人尚清健也。故林琴南乃稱之為「人妖」。

由這故事，足以證明茅哥習神霄派、蘇海雷博士習清微派，至某一程度即便都學房中術，實在有理由，不盡無稽也。

邪術修成對口瘡

房中術其實亦有邪正。奸宄之徒，偽稱道家，用什麼「三峰採戰」，是即為邪。但道流翁葆光一派，主張「陰陽合修」，由是煉人體中的內丹，斯可視為正派。正邪二派，實不可因面目相同即一概而論。

不過，世人多好邪，所以邪派房中術便鬼鬼祟祟地流行於世。林琴南所說的「人妖」，所修可能已介乎邪正之間，比這「人妖」更邪的修法，甚至還登報紙廣告來招攬傳授。六十年代，香港報紙便有這類廣告。王亭之有一朋友魏君，甚受這些廣告吸引，屢屢跟王亭之提起，其初尚不以為意，後來見他愈提愈高興，於是便對他力陳利害，勸他不要上當，魏君唯唯。

過了不久，魏君忽然生了一個對口瘡，那時他才來向王亭之問計，而且坦白前情。原來他終於按捺不住，依報紙廣告去拜師，既登門，但見一紅光滿面，鬚髮皆白的老人，自稱某公，室中有三四個鶯鶯燕燕，令魏君目眩。

以後的事便不必細說了。總之，魏君因此花了十多萬元，在六十年代，已經可以買一普遍大廈單位。最慘的是，魏君不斷服藥，終於便弄到生對口瘡，即是在頸後對正口部的地位，生一漫腫無頭的陰瘡。

這宗小事，恰足以作為好此道者的鑑戒。因為時至今日，仍有這類廣告。

清微派雷法

正宗道家的煉神養氣，可以看成是吸收大自然的能量，用來補充人體的天然消耗。

王亭之在夷島結識的那位蘇海雷教授，就曾示範過三兩次「煉雷」的功法。

凡「煉雷」，必在春天，由驚蟄那天開始。先燒符結壇，不過所結的壇亦很簡單，只陳設一張矮几，几上燒一枝檀香，陳列一盞清水，除外便只有一盞油燈。油燈的作用，其實亦只是用來便於燒符。

結壇前，蘇海雷只在壇後默坐，口中唸唸有詞，良久，才取出幾張符籙，在壇前焚化，一邊燒符，一邊結印唸咒。據蘇海雷的說法，這些咒語，跟「東密」做「護摩」時的咒語類似。連他也不明白，為什麼中國上茅山的咒，會跟源自印度的咒語相同？

燒符籙畢，又復靜坐片刻，然後便兩手結着劍印，在壇前走「禹步」。

「禹步」的步法，是閉着氣，圍着壇來遊走，大致上是將一圈的路程分為三十六步與七十二步，行到什麼步位上，便要作與那步位相應的讚誦。有時還要揮動手印，或者叩齒三十六通。遊走之時，又分順行與逆行，即繞壇右轉，或者繞壇左轉。

奇怪的是，這些步法，跟密宗的「金剛步」又有相似之點。是故當蘇海雷作「禹步」之時，王亭之愈看愈覺得奇怪，不明白這些中印文化究於何時交流。

「禹步」一番之後，便站在壇後，將右手的劍印壓着左手的劍印，一直閉目養神。等候良久，待電光一閃之時，便見他用丹田來呼吸了，至雷聲一響，蘇海雷便立時拔出右手的劍印，向天一指，然後又見他小腹微動，王亭之便知道他這時是在運行氣息。

這樣一直煉了兩小時，雷聲響過十次八次，蘇海雷便靜坐收功了。

收功之後回到內室，他叫王亭之摸他的手，果然兩手燙熱；他又叫王亭之摸他的足心湧泉穴，也燙熱。他便對王亭之說：「密宗不及道家的地方，就在這裏了。密宗沒法子吸收春雷的能量，只能煉自己的內氣。」

蘇海雷學過「東密」，又學道家，他一直認為道家的煉氣比「東密」高，屢屢勸王亭之放棄密宗，作道家修煉。王亭之聞言，不禁莞爾。當下便跟他討論「五雷都功」，他興致勃勃，說這功法煉到高一層次時，手指便隨着雷聲放出電光。

後來蘇海雷去北京住了幾個月，回夷島時向王亭之透露，說他在北京已找到了一個女朋友做道伴，一齊煉「雷法」，如今手指已經可以發光了。他於晚間又作了一次示範，果然有時指尖可見微弱藍光。他很得意，自許三年後定然有成，可以復原清微派的雷法，因為如今上茅山的道士都不懂這功法了。

張燦治袁世凱心疾

道家的雷法，盛於宋代，海南人白玉蟾稱為宗師，他常佩雷印於手肘，用以印蓋符籙，是故便成為這一派傳承信物。

到了民國初年，太倉道士張燦，號清陽子，還傳得白玉蟾的雷印，傳說他能指揮風雷，策役神將。可是自此而後，雷印即不知所在，於是白玉蟾的神霄派燈傳便似已絕。

至於上茅山清微派，據蘇海雷說，只有一位已退休的老道長，還約略知道清微派的雷法，而上清宮的道士，對此法則已茫然。

可是在北京，卻有一位俗家，忽然自稱為雷法的傳人，趁着特異功能的熱潮，崛起於京市，設診所為人醫病，據說頗有成效云云，但這位俗家卻可能是屬於神霄派，因為他學的是武當山的法，同時尊白玉蟾為祖師。

關於張燦，傳說袁世凱即曾請他治病。那是當袁世凱竊國稱帝以後，可能由於神明內疚，於是忽得心疾，便懷疑當中有鬼怪，於是請張燦來行五雷法。

據當時的人記述，張燦結壇作法之時，庭前一棵柳樹忽然應聲斷折，有些人還說見到黑氣飄出牆外。這麼一作法，袁世凱的心疾便好了，這是否精神療法，不得而知。

然而據王亭之所知，道家的功法，惟雷法一門有特別傳授，專教人如何治病，張燦的作法則似跟雷法治病不類。

宋代茅山祖師白玉蟾

宋代身兼上下茅山兩派祖師的白玉蟾，本姓葛，名長庚，原籍福州閩清縣人氏。他的祖父葛有興給朝廷派到瓊州去做教官，從此落籍，到長庚出生便已是瓊州第三代。那瓊州，即是如今的海南島，在宋代時是天涯海角窮鄉僻壤之地。葛家本非富有，流籍在此蠻荒，過得一代便已貧困不堪。他父親名叫葛振業，是個窮秀才，娶土人女為妻，仗着教幾個小小童蒙渡日。於宋光宗紹熙五年三月十五夜，忽然得夢，有一道人以一枚白玉蟾蜍相授，夢醒，夫人已產下一子，因便名此子為長庚，乳名玉蟾。

然而才過得四年，那葛有興跟葛振業父子二人相繼病逝，餘下長庚母子兩個，好不淒涼。那母親便帶着長庚去改嫁了，說也奇怪，改嫁的那人家恰恰姓白，因此便將葛長庚之名索性改為白玉蟾。

那白姓人家聽見白玉蟾應異夢而生，因此也肯栽培他，給他供書教學，到了他十歲那年，塾師說他讀書長進，作的詩也精通，主張送他到廣州去應童子科，白家也很歡喜，便張羅旅費，託行商的鄉里帶他去應試。端的是滿懷希望，望子成龍。

那時的考試制度很講究世族聲望、師門來歷，如果系出名門，或者是名儒的弟子，便很容易中式，如若不然，那就真要憑命運安排。

且說那白玉蟾去應童子試，試官一見這瓊州鄉下仔，心中已不高興，於是便以「織機」為題，命他賦詩。這題目已明欺他是小戶人家鄉下仔。白玉蟾得題，應聲吟道——

「大地山河作織機，百花如錦柳如絲。虛空白處做一疋，日月雙梭天外飛。」

試官一聽，好大口氣，日月都只是你的織梭，整個虛空都只是你織出來的一疋布，於是拍案喝道：「好個狂生！」

那白玉蟾給試官一喝，心知中式無望，便退出試場，隨鄉人回家了。白家一聽考試不中，也不問情由便打了白玉蟾一頓，真的冤哉枉也。從此便不再教他詩書，只着他看牛耕田。

到了十六歲，白玉蟾離家，帶着老母給的三百文錢、白家的一柄雨傘、幾件隨身衣服，便渡海至漳州，從此在閩西粵北一帶流浪，還做過皐田院的乞兒，後來儲蓄得點盤纏，便上江西龍虎山去，想入張天師門下。那些知客道人見他衣衫襤褸，隨便給點冷飯，招待他住宿一夜，便趕他下山。

原來在白玉蟾以前，上茅山並無畫符噀水、驅邪治鬼之法，只一味修真，及至白玉蟾之後，上茅山才有神霄派，跟龍虎山張天師分庭抗禮。接着，連上茅山原來的清微派也用雷法來畫符作法了。當日龍虎山的知客道人若有慧眼，肯把白玉蟾收留，那麼，這奇才便已入張天師門下。

那白玉蟾果然利害，先學到上茅山的雷法，後來還拜南宗四祖陳泥丸為師，又學到丹法，不久也就名動帝都，受到宋理宗的賞賜。據道門記載，他曾經在王公大臣面前，用雷法召來仙女。其時正作夜宴，各人正顧飲得高興，忽地庭前天際湧起祥雲，只見四個仙姬正踏雲而來，於是個個停杯，人人驚訝。

他們眼見仙姬是朝着庭院飄來，卻忽地祥光一閃，仙姬卻轉一個彎又飄上天了。這時，卻只聽見白玉蟾跌足呼道：「可惜可惜！」

人們問他可惜什麼，他說：「列位大人中，有人對仙姬動了色心，所以她們就不來了。我本來請她們攜來王母的仙酒，那還不可惜。」

給他這麼一說，席上的官員都不說話。大概人人撫心自問，誰都起過那麼的一點色心。正尷尬間，雲消霧散，仙姬都不見了。

這一套仙術，依王亭之的見解，應該亦即是繩技戲法（後詳）。白玉蟾表演時當然有助手，但縱然如此，戲法的難度亦實在高也。如是，自玉蟾遂名震天下，神霄派亦確立其江湖地位。

白玉蟾戲試「五雷法」

世傳的五雷法，實在有正有邪。邪者雖稱為雷法，實際上卻不是。

在明憲宗朝，有一個布政司屬下的低級官吏李孜省，因貪贓事發，逃亡出京師。此人工心計，知道憲宗喜好道術，於是千方百計去求道術，終於給他學得了五雷法，他便潛返京師，伺機行事。

李孜省在京師仍是通緝犯，但卻改換道裝，為人用符籙咒水治病。時值宦官梁芳患病，李孜省替他治好，梁芳又介紹另一個宦官錢義來治病，亦同樣治好，這兩個宦官便深信李孜省是神仙，因而向皇帝推薦。

明憲宗亦有病在身，李孜省進以符水，醫療一月，憲宗精神轉好。李孜省這時才向憲宗陳明身世，說自己受通緝，憲宗即時下令免罪，同時封官，由是李孜省便權傾一時。

李孜省為什麼這般容易治好皇帝和太監的病？原來，明代的皇室都愛服丹藥，凡丹藥必有毒，此一類丹，簡直就等於今日的迷幻藥，長期服用，自然五臟不和。

李孜省在教他們服符水時，還戒他們不得服用丹藥，這樣，在停止服丹期間，人的體質就自然復原，由是一應毛病都好轉，這就是今日之所謂自然療法，或曾一度風靡日本的水療法了。

李孜省聰明，悟出這治病的方法，便成為憲宗的寵臣。

可是，明代的君主大多數耽於色慾，明憲宗尤甚。當時有一個廷臣萬安，頻頻向憲宗獻春方春藥，由是得寵，竟官拜大學士。憲宗死後，在宮廷找到一篋奏本，都是萬安上春藥、討論房中術的奏本，繼位的孝宗見到這些奏本，大怒，命人將這一篋奏本送回給萬安，萬安見到，明白孝宗的意思，立刻上本告老還鄉。由這件事，便知道明憲宗的縱慾程度。

憲宗既寵信李孜省，自然便向他討春藥，李孜省不敢教憲宗吃藥，便教他房中術。可是，及至憲宗年衰，房中術無效，李孜省便不禁徬徨，不知怎樣應付皇帝了。

傳說，正在這時候，南宋年間的道長白玉蟾便曾示現，教訓過李孜省。

一日，忽有一道人來謁李孜省，自稱精通「六雷法」。李孜省聞報，立刻接見，並問他何為「六雷」。道人說：東南西北中等五雷之外，加上「天雷」，便是六雷了。這天雷法可以召雷部的天女，人若跟這些天女交合，就可以延年益壽，甚至可以升仙。

李孜省半信半疑，這道人卻當場作法，果然，他結着印訣向天一指，天的東方即飄來十多個美女，御雲冉冉而來，一直向西方飄去。李孜省叫道人把天女留住，那道人卻搖搖頭，任由天女一直飄向天際。

這時，李孜省問道人為何不留住天女，那道人對李孜省說，雷部的天女，只能跟龍種交合，因此只有皇帝及其近親，可以親近這些天女，如果平常人這樣做，就會折福。

李孜省既親眼看見道人表演六雷法如此神驗，當下自然便相信他的說法，立刻叩頭拜師，並獻上金銀為贄見禮。那道人也就住下來，教李孜省以六雷法的天雷法了，同時告訴他，雷部的天女見到皇帝，自然會下降。

李孜省依法修煉，很快就成功，於是喜不自勝，立刻上奏憲宗，說可以召女仙來替他修房中術，如是即可延年益壽。

憲宗便命他在寢宮前的天階結壇。候至夜中，李孜省依所學的天雷法結印燒符唸咒，果然見有三四個女人由殿角的瓦頂飄下來，憲宗大喜，走上前去迎接，只見這些女人都迷迷懵懵，再看清楚，卻是伺候寢宮的幾名宮女。

憲宗大怒，問李孜省這到底是什麼意思，李孜省答不上話，只好一味磕頭，請求恕罪。憲宗將他貶官，從此對李孜省的寵幸便衰了。

李孜省回府，命人叫這道人來，這道人卻已不別而去，只留下一張字條，寫道：「德者道之符，誠者法之本。道無德不足言道，法非誠不足言法。」李孜省看了，半晌作聲不得。

由是，江湖傳聞便說是白玉蟾示現，教訓李孜省。為什麼說是白玉蟾呢？因為字條上的話，正是雷法的口訣。

上茅山與下茅山

煉雷法，其實是有意練特異功能。因為雷法強調「內煉成丹，外用成法」，所謂「法」，即是符水治病、驅邪、度亡、治鬼、求雨、祈晴、辟除瘟疫（傳染病）之類。這一類法，正為今日走江湖的異能人所標榜。

道家一直很重視異能，他們甚至以異能的有無，作為得道與否的標準。打從漢代張道陵起，一直到今日，道家都離不開符籙與「神仙變化」。為什麼呢？正因為道家的內煉，往往引起異能，既然有此現象，這現象當然便受重視。上茅山的道法，即特別強調這點。

可是上茅山的道法卻又與下茅山不同。下茅山雖亦以符水治病，但他們的異能表演，實際如同魔術——美國的魔術大王大衛・考柏菲爾，在接受電視訪問時，便說自己的一些驚人表演，如穿過萬里長城、變走自由神像等等，實在參考過「中國道家的魔術」。他用「魔術」一詞，是故所指的便極可能是下茅山的法術。至於他如何能學到這些法術，則諱莫如深了。王亭之相信，他一定不肯公開這個秘密，正如夷島的蘇海雷，始終不肯透露，怎樣學到清微派的「五雷都功」。

所以總結來說，修上下茅山的道術與法術都易起異能，分別僅在於下茅山有魔術的成分。但是，他們要修煉人體的精、氣、神，方式卻一致。

中國道家魔術之謎

魔術大衛最近又上電視，縷述個人身世。原來，他的第一套魔術是從祖父那裏學來，那是套簡單的紙牌魔術，江湖中人稱為「手彩」。這套手彩，從此便令到小大衛鍾情把戲，三十年不到，他即已成為世界第一的魔術師矣。然而魔術日精，神態亦變，在電視上看他的童年照片，十分純情，笑得戇直，不似如今，一望而知便是個醒目仔。貌由心生，信焉。

魔術大衛凡接受電視訪問，一定有意無意叮一聲，他受到「中國道家魔術」的影響。蓋「中國道家」跟「中國魔術」應該是兩回事，若稱為「中國道家魔術」，就等於踢爆神仙與異能，此事非同小可。

影響他的到底是人抑或是書本？因為照王亭之所知，日本人的確藏有幾本中國的古代戲法書，其中一本，於民初又回流中國。

王亭之甚至懷疑，魔術大衛受中國影響可謂與日俱深。蓋最近見他的「鬼屋魔術」，東方色彩便甚為濃厚。電光火光，十足十中國戲法中的「火彩」。

中國畢竟是火藥的祖宗，所以中國的煙花，至今無人能及。洋人放煙花，一味鬥射得高，在高空爆炸，爆完再爆，由是幻出一朵朵火樹銀花，人便以為奇觀矣，殊不知中國的煙花，居然可演戲文，還有簡單的鑼鼓伴奏，這才是火藥祖宗的精采發明。

王亭之小時就看過這樣的煙花。煙花射上半空，落下一陣七彩繽紛的花雨，落到大概離地丈餘二丈時，一聲響，便爆出戲文人物。例如《三英戰呂布》、《八仙過海》、《貂蟬拜月》。戲中人乘風而動，照戲行的說法，他們的動作還懂得扣住鑼鼓，是則動作雖然簡單，亦可謂鬼斧神工。

東莞的煙花老藝人告訴王亭之，戲文公仔的動作，完全靠紙公仔上一段段藥引來控制，這即是戲文煙花的最大秘密。不過秘密說出來也沒有關係，如何安裝藥引，怎樣控制時間，那就全憑經驗。煙花藝人祖傳有許多口訣，看起來，如今應該已經失傳。文革時的煙花學徒，將老藝人逐個綁起來打，給他們打過的，還肯把口訣傳給這班無良後生耶。

這一類煙花技巧，傳入戲法行中，就成為「火彩」了。用爆炸聲以及七彩幻變的火光來遮掩動作，顯然亦非現代騰雲駕霧的舞台乾冰可及，是故魔術大衛便捨乾冰而用「火彩」。

鬼屋魔術是火彩

那次王亭之見魔術大衛玩的「鬼屋魔術」，一望而知便是中國戲法佬的「火彩」，不過煙花已可能改用電動控制。

大衛先用四張佈景板拼成一間小屋，還開玩笑說：「這就是紐約的一睡房大廈單位了。」

大衛叫人將他綁起，照例叫三個觀眾上台，檢查繩結一番，然後就獨自關在這鬼屋之內。屋後的燈光，打出大衛的身影。忽然，鬼聲忽起，行雷閃電，滿屋青藍暗綠的火光亂閃，門口的氣窗有一疊疊報紙雜誌飛出，大概過了一分鐘，雷電與鬼聲霎時停止，強烈的燈光照着那間鬼屋，助手從暗處閃出來，將門打開，大衛則已經不見——就在這時，屋內又火花一起，灑出玫瑰紅色的火彩，加上煙霧，不知何時，那大衛便已閃到台前，向觀眾鞠躬。

在掌聲中，他將那三個檢查繩結的觀眾綁上眼，然後把他們推入鬼屋，關上門，於是雷聲鬼聲齊作，火花亂閃，報紙亂飛，及至打開門時，這三個人竟完全失踪。於是台下尖叫，大衛叫請牧師神父來捉鬼，正擾攘間，全台燈火通明，三個觀眾又赫然站於鬼屋之中，解開眼布時，他們還相顧茫然。

大衛這套「鬼屋魔術」，令王亭之想起前文所說的茅哥。

他的身份，只是一家小雜貨店的老闆，卻原來身懷絕技，精通下茅山的種種法術，包括圓光、符咒、治邪、捉鬼，旁及看相算命。因見王亭之當時年紀小小，已識子平、風水、望氣、觀神，便曾有意授王亭之以茅山法術。不過那時王亭之早就已修習道家的西派的內丹，師門禁律，不得學下茅山，是故便一口拒絕。

茅哥心心不忿，因此便時時搬演一兩套小法術，想引得王亭之心動。有一回正跟他下圍棋，他似乎有意，讓王亭之一路「征子」，他卻一路逃子，結果逃出一條毫無生路的「大龍」。照下棋規矩，他應該立即棄子投降。

茅哥悠悠然點上根煙，向王亭之一噴，接着棋盤上紅光一閃，待煙花散去時再望棋盤，不知何時，他的「大龍」已接上一隻眼，變成活龍。這一變，反而變到王亭之全軍盡墨。

給茅哥這麼一變，王亭之當時自然呱呱叫。茅哥卻一手把棋盤攪亂，埋單離去，然後將王亭之引到竹林茶室，喝潮州工夫茶，慢慢細談他的法術。

二十年後，王亭之結識了袁步雲。這袁步雲實在是香港文化界的奇人，他因畫《細佬祥》漫畫成名，是故在文人圈內，人人便喊他做細佬祥。誰知他於漫畫之外，還懂演粵劇，學的是小武行當，穿紅褲出身，是以演《胡奎雙人頭賣武》聞名四鄉的顧天吾弟子。不只此也，他還懂玩魔術，有時文人集會，偶然露一手，立時技驚四座。

且說，王亭之曾將茅哥的一些法術告訴袁步雲，袁步雲卻嗤之以鼻，曰：「嗟，火彩而已！」

佛道兩家有魔術

細佬祥於是向王亭之娓娓而談，江湖變戲法有許多「彩門」。最難學的是「手彩」，其餘用火用水、用化學原料、用聲光裝置、用機械結構、用物理原理，他都曾向王亭之一一解釋，一一舉例。王亭之於是恍然，原來許多道家的法術，都無非只是戲法，也即是現代人所說的魔術。

王亭之根據袁步雲的一些提示，再參考一些古今戲法魔術書，重讀中國道家的神仙傳記，以及佛家的高僧神異傳記，漸漸明白，原來許多「神通」或「法術」，其實無非都是魔術。甚至包括如今許多所謂「異能人」之所表演，一知魔術原理，便會為之失笑。

美國的著名「異能人」尤利，曾經喧赫一時，結果給一個魔術家看不過眼，將之一一公開踢爆，弄到尤利要歸隱江湖，這是異能魔術的一例。中國佛道兩家都有魔術，實亦是不容爭論的事實。

魔術大衛說自己受「中國道家魔術」影響，王亭之完全相信。因為自古以來，我國走江湖的「勅法佬」，便一向自命為道家中人。

有兩個證據，可以證明他們跟道家的淵源。

第一個證據，便是他們的名號，如今廣府四鄉的阿婆輩一定還記得，我們將魔術稱為「戲法」，變戲法的人稱為「勅法佬」。勅法者，即是當他們變戲法時，也像道士一般唸唸有詞，然後喝一聲「太上老君急急如律令，勅！」於是說變就變，是即稱為「勅法」。有人將之寫成「戚法」，那是同音別字。

第二個證據，是傳統江湖上變戲法的人，當開場說「口」之時，「口」中一定提到呂祖。

例如變羅圈時，其「口」即曰——

「羅圈一上一下，原是呂祖留下，裏面藏龍伏虎，不敢當場玩耍。」說畢，才將兩三個連環圈左解右解，左套右套。而且據說兩個套起來的羅圈，即是個「呂」字云云。

那些玩變豆的藝人，蹲在地上，三隻碗左蓋右蓋，揭開來，紅綠豆變多變少，他們一邊變便一邊說「口」——「天蒼蒼，地茫茫，行走江湖無所求，拜呂祖，學套把戲江湖走。」說呂祖是戲法祖師，道門當然不會承認，不過亦不可以說勅法佬鑿大。

婆羅門幻術

說來也許自卑，漢代以前，中國其實沒有什麼驚人的戲法。自從交通西域之後，驚人的戲法才由大食及新疆青海以至印度東部一帶傳入中原，當時人稱「婆羅門幻術」。

此絕對不是佛家神通，如江湖戲法佬稱之為「高彩」者，即為用「百合」粘上的絹綢，可折可挺，七層寶塔折疊起來厚只一寸，一扯高，那「百合」卻可支持七八尺塔身不倒，塔角還可以掛上許多金鈴（後詳）。

變神佛現身，變仙女下凡，便都是用「百合」粘成的布袋傀儡。這則已是「婆羅門幻術」傳入中國之後的變化。時至今日，還有人在戲台上搬演。

且說，當時這些幻術，逐漸由西域傳入中原，道家便首先吸收了這些戲法。

其實戲法的傳來，先於佛法。漢明帝之前，點金術、幻術便已沿着絲路傳來。所以當時講究求不死金丹的道家，不但對西域的點金術有興趣，對他們的幻術其實更有興趣。

至於漢武帝會見衛夫人鬼魂的戲法，則是方士齊少翁所變（後詳）。這套戲法，宋代已經由江湖藝人公開，無非是「火彩」加上踩繩的技藝而已。扮衛夫人鬼魂的人，只需面貌七分相似，打扮得好，踩着繩索飄飄而下，加上火光煙霧的襯托，還隔着兩重薄紗，漢武帝便立刻神魂顛倒。

這套幻術，現代人改用光學裝置，大概十年前還表演過一位自殺藝人的「顯靈」。八卦周刊紛紛作證。

所以，魔術大衛說到「中國道家魔術」，實在並非信口雌黃。魔術也是文化與智慧的結晶，堂堂正正，未必一定要仙佛異能始為矜貴者也。諱言魔術，實在對不起呂純陽。

呂洞賓變戲法

依照道家傳說呂祖的故事，其中實在不少戲法變化。譬如水化成酒，在魔術家看來，易事耳。只是一經故事點綴，那就有點神異。

故事說——有一個名叫馬善的人，讀書不成，棄而學道。有一次跟一位侯道士結伴同遊汴水，在河邊見到一名羽士，體格清奇，目如秋水，馬善在河邊打水烹茶，茶既沸，便招那羽士同飲。誰知那侯道士竟瞧羽士不起，居然對羽士炫耀自己懂得飛符召鬼，點石化金。羽士聞言，只微微一哂，便張口向侯道士吐氣，侯道士當下只覺凜風撲面，個個毛孔都有如錐刺，心知這回碰到能人了，剎時便識得改顏相向，打躬謝過。

羽士見侯道士前倨後恭，也不理會，只從腰囊中取出一隻酒瓶，叫他裝滿河水，然後從藥囊拿出一丸藥，放在瓶中。頃刻便化成美酒，三人酣飲通宵，到天明也就彼此別過了。

這樣的神仙道術，真可謂了無意味，而且犯駁，呂祖既不露真相，那何必還要用仙酒來飲那俗道士？但若視之為戲法，倒還可以說得過去，呂洞賓遊戲人間，一時貪得意，玩一手小把戲以渡此良宵，自然合理到極。

大凡燒煉金丹的人，其實都是化學家，因此利用化學變化來玩把戲，蓋乃常事耳，何必一定要視之為仙術耶？

有一個故事說——宋代紹興年間，有一個新昌縣令喜歡道術，忽一日，大建齋醮，於是各方道士雲集，齊齊在縣令面前表演。輪到一個道人，這人只舉起一隻手掌，什麼東西都沒變出來，旁觀的人自然鼓噪。

這時候，那道人卻不慌不忙，取出一丸藥來，放在手心搓一搓，再向手心吹一口氣，手掌再舉起來時，嚇那縣令一跳，只見掌心現出一個硃紅色的寶輪，輪心赫然有「洞賓」二字。

王亭之一教，連閣下都會變成呂洞賓。

所有江湖戲法，凡變硃紅必用黃薑粉，因為黃薑粉碰到碱液，便立刻變成硃紅色。碱液倘如濃一點，則成血紅色。憑此兩種顏色，就可以變化神仙妖怪。

讀者先買點造硷水糉用的「食用硷水」，將之稍為稀釋，然後用新毛筆蘸硷水來畫，畫在手心固可，書在白紙上亦無不可。硷水乾後，不見顏色。要出色時，拿點黃薑粉去一搓一抹，最好同時吐點口水上去——所以那呂洞賓要向手心吹氣，硃紅色才會立時顯現出來。

這個宋代道士顯然是變小戲法，卻不料「洞賓」兩字就將那名少看戲法多看公文的縣令嚇窒。這宗故事，當然大概相當流傳，因此道家便竟然將之當成真的呂祖故事。

大宛眩人是戲法祖師

走江湖的𠡠法佬雖然奉呂洞賓為祖師，但倘如追本尋源，可謂將祖師找錯，因為我國的戲法祖師實來自西域。漢武帝想長生不老，便派張騫出使西域，因為那時的方士一口咬定，東方蓬萊三島有不死藥，西方則有金丹。

自從秦始皇開始，許多方士浮海去蓬瀛，結果都沒有一個人能取得長生藥回來，漢武帝自己也撞過板，後來反正想去西域大宛找馬種，因此便決心派張騫出使找丹找良馬，算是一舉兩得。

原來當日堂堂中國，最沒法子跟西域胡人比的便正是馬。中原的馬不耐力，在戰場上跑久了便腿軟，因此自東周以來跟胡人交戰，吃虧便吃在戰馬身上。是故當時交戰，我們的士兵最着重搶馬，能夠「步行奪得胡馬騎」，便是一名勇士。

諸胡之中，以大宛國的馬最好，稱為「汗血馬」，馬流出來的汗微微有點胭脂色，這種馬真的可以日行八百里，負重一千鈞。漢武帝自然想去大宛找這種馬來做種。只是大宛人也不是傻子，馬不送來，卻送來兩樣事物，一人一蛋。那個蛋當時叫做「大鳥卵」，很可能是西域沙漠駝鳥蛋；至於那個人，卻是一個魔術師，當時稱之為「眩人」。眩人者，亦即眩人眼目的意思。

我國漢代之所謂「西域」，並不只新疆甘肅寧夏青海一帶，如唐代之所指，它還將範圍擴大到紅海。有本古老的外國小說，叫做《天方夜譚》，說的就是紅海與波斯灣這一大片土地的古老傳說，且看看小說中所說的八達城，其中多少奇才異能之士，便當知道，這樣的一個西域，實在有適宜產生魔術的文化背景，而我國無論儒道兩家，本來就不可能催生魔術。

為什麼？孔老夫子「不語怪力亂神」，他的徒子徒孫自然不會是魔術師。

至於中國的原始道家，老子莊子對魔術都不會有興趣。「聖人不死，大盜不止」，這句話是老子說的。他根本不想左右自然法則，所以便對那些想干涉自然的「聖人」十分痛心疾首。盜自然者為聖人，盜人者謂之盜，所以「聖人」跟「大盜」其實是同一類貨色。其思想如此，怎會叫人玩魔術。

紅海波斯灣一帶的人就不同了。他們的祖先靠騎馬打仗起家，後來出了一個國君，名叫大流士，曾出兵遠征希臘。這些喜歡騎馬拜火的人，看慣了動態，然後才會醉心魔術。

波斯人三度攻打希臘，弄出一場歷史有名的「波希戰爭」，持續了一百五十年，波斯人終於打到筋疲力倦，在西元前三三一年，希臘的亞歷山大開始進攻波斯，帶着三萬五千名騎兵，大破波斯六十萬軍隊，聲威大震。

那時的波斯國王已經是大流士的孫子，叫做大流士三世，組織百萬大軍，以伊朗人為主力，跟亞歷山大在波斯灣決戰，亞歷山大卻以五萬人就打了場勝仗，大流士三世死於亂軍之中。亞歷山大乘勝揮軍東進，臣服了大夏及粟特諸國，於是築城於大宛，並且娶了兩個妾侍。這兩個美女，其中一個正是大流士三世的女兒，是歷史上著名的大美人。

希臘文化跟波斯文化從此溝通，是魔術史上的一件大事。因為希臘人繼承了羅馬人的習俗，喜歡水戲，沐浴是他們的大事。

至於波斯，火即是他們的文化，所以才有拜火的「明教」（祆教）以及我們胡謅的「武林聖火令」。波希文化，是即「水火文化」。

古代的魔術戲法，常常用到水火。時至今日，「水彩」「火彩」依然是中國戲法的兩大支柱。史冊記載，當日漢代西京，便常有「水彩」戲法。有一個西域人名叫舍利（因此，可斷定此人為當時天竺國人無疑，即是印度及巴基斯坦人），他能夠「激水化成比目魚」，還可以與起水霧，掩蔽天日，突然水中跳出一條黃龍，長八丈，出水遊戲，炫耀日光。

這樣的水彩把戲，卻是兩千年前「波希文化」的結晶。

也許會奇怪，印度以及巴基斯坦，又怎會有「波希文化」的水火魔術呢？原來，亞歷山大娶了兩個美女之後，心還不足，繼續揮軍東征，深入到五河流域，而且在巴基斯坦建立了王國。這個王國，後來還成為大乘佛教的發源地——所以大乘佛教中其實有希臘波斯文化的影響。

且說那些大宛人，據《漢書》記載：「自大宛至安息，同俗同語言，深眼多鬚，善賈市」。這麼一形容，分明便是伊朗人了。你想想伊朗那個大鬍子的樣子。

原來，中國的魔術祖師是外來的，而且還是伊朗人。

希臘神棍的大魔術

現在不妨補述一下古代希臘神棍的著名魔術。有一間希臘大神殿，時至十八世紀還可以嚇死人。殿門關閉，殿內悄無一人。信徒來拜，只能聚集在殿外的祭壇前，等候祭司燃火祭祀。聖火燃起之後，只向着聖火一跪，低頭禱告，神殿的石門便會漸漸開啟，直至大門完全敞開為止。信徒此際雖然驚異，倒也鴉雀無聲，連透一口大氣都不敢。一個個，排成一行直線，跟着祭師走入神殿，又一個個俯伏在地，讚美天神宙斯的奇迹。

然而考古學家卻發現了秘密，無非是用聖火的熱力來發動一套水動裝置，這裏頭用到物理學上的虹吸原理與槓杆作用，那些神棍，實在是當時的應用物理學專家。

二千幾年前，希臘人就這麼懂得水火裝置，你說，再加上八達城的阿里巴巴，以及天竺國的玩蛇弄藥，魔術文化便自然厲害。

四大文明古國大混合

波希文化裏，當然還包括古埃及的魔術。埃及人也是魔術大師，因為他們居住在沙漠，沙漠中時時有海市蜃樓，可以引起諸多幻想。幻想，便正是產生魔術的基礎。

有一本書，叫做《西車之書》，內容記載西元前的埃及魔術，其中最厲害的一位魔術師，是個祭司，名叫維帕涅爾。

據記載，此人能憑咒語使假鱷魚變成真鱷魚。不必說，這當然即是「水彩」系列魔術。前面提過的天竺舍利，能「激水化成比目魚」，應該便即是同類的魔術。

這是三千五百年前的事。人類在當時已經有這般高的智慧，真的說來令人不信。我們中國，如果不反對「奇巧淫技」的話，也應該在魔術上有所發明。因為我們就曾經出過一位墨翟，還出過一位公輸般（即是魯班）。

據說，他們發明過會飛的木鳶，會自動行走的木車（即是後來諸葛孔明使用的「木牛流馬」），所以，如果有一個發展的空間，王亭之相信，中國一定可以創造出許多機械魔術的奇迹。不讓波希文化、天竺文化專美。

所以我們如果屈指數一數漢代時由西域傳來的魔術，就會大吃一驚，它竟然是希臘、埃及、印度、波斯文化的大混合。加上中國固有文化，真的將四大文明古國的文化一網打盡。

下茅山祖師蛋子和尚

因此魔術大衛說的「中國道家魔術」實是讚美，因為唯有中國道家的魔術，才包羅四大古國的文化，這是整個東方世界三千年左右的智慧結晶。

中國道家魔術的大師，不是道士，偏偏是宋仁宗時代的一位僧人，名叫蛋子和尚。王亭之相信，他即是下茅山的一位祖師——蛋師，不過如今下茅山的人卻把這祖師稱為「彈師」，那可能是嫌「蛋」字不雅之故。

蛋子和尚的出身來歷十分離奇，傳說當日泗州城內有座迎暉山，山內有間迎暉寺，寺中主持名叫慈雲，因為香火不盛，所以寺中只有五七名僧人，在山中清苦渡日。

一日城裏有大戶人家，居然會想到請迎暉寺的和尚誦經，慈雲方丈歡喜得不得了，便想到自己的一領袈裟，已塵封了多時，如今有人請去誦經，也應該把袈裟請出來洗一洗了。

可憐寺中清苦，方丈的袈裟還得勞方丈自己洗，慈雲便携一個木桶，帶着袈裟，到寺前一個水潭去。正當他把木桶沉入潭中汲水時，卻見一件圓溜溜的東西，撲地就和水落入桶中去。慈雲心中奇怪，忙把桶提起來看時，只見桶中只浮着一枚大蛋。

那慈雲方丈端的慈悲為懷，當下便把大蛋交給寺鄰的朱大伯，叫他用雞來孵。慈雲心想，這可能是隻大鵝卵。

朱大伯把蛋拿回家，孵到第七日，去餵雞時，只見母雞死在一旁，那大卵卻孵出來一個七八寸長的孩子，就坐在雞窠裏。朱大伯慌了，連忙報給寺裏的和尚。

那慈雲去看時，也沒主意。恰恰當時朝廷因異端邪教太多，為首的方臘，弄出一個吃菜事魔的邪教，又搬演許多神通怪異，幾十萬人便附和着他作亂，方臘穿起天衣，戴起平天冠，獨霸一方為王了。因此朝廷便下令各處地方，捉拿妖異。朝廷一道旨下，地方自然得勅，差役和着地保去四處訪拿，連小孩子生兩隻暴牙都要拉要鎖，弄到人傾家盪產。如今大蛋孵出個孩子，不是妖異是什麼，慈雲自然慌了手腳。

當下，他便把孩子包好，吩咐朱大伯不可聲張，抱着孩子逕回寺中。又求了一枝籤，居然上吉，當時便把孩子收留，叫廟中一個火工將孩子認做螟蛉養子。這便是蛋子和尚的來歷。

蛋子和尚後來長大，雖作僧裝，其實卻學道術。江湖傳聞，他精通「七十二地煞」變化。

原來道門一向傳說有「天罡三十六變」、「地煞七十二變」，似乎地煞的變法比較多，然而天尊地卑，天簡地煩，煩的反而層次低，所以煉成地煞變化，無非只能就着人世間的事物來變，未能如天罡法之神遊天府，作種種神仙遊戲云云。

這蛋子和尚的地煞變化，江湖傳說，乃是自南嶽衡山的支脈，雲夢山白雲洞取得。後來小說家編傳奇，「蛋子和尚三盜猿公法」，說的便是他得法的故事。無非說是白猿守洞，蛋子和尚如何三番智取，終於盜取了地煞變化的天書，依王亭之看，這亦無非是下茅山的人鄭重其事而已，當中的盜法情節，也不去細說。只是，有一樁情事卻可以肯定，蛋子和尚的地煞法中，有許多其實即是現代人所說的魔術。為什麼說得這般肯定呢？因為在宋代江湖傳說中有一宗故事，叫做「杜七聖怒斬蛋子僧」，這故事說得神奇，但卻無非只是江湖魔術師的比鬥而已。

川劇有江湖戲法

話說在北宋年代，江湖上流行着一套法術，名為「七聖法」，可能亦是下茅山的一系法術。這七聖，是依着《封神榜》，說三眼二郎神楊戩，收服了梅山七怪，七怪改邪歸正，是故便改稱七聖。

二郎神是北宋很出名的神，圍繞着他的神話故事很多，例如戲曲《寶蓮燈》，便是二郎神妹子跟外甥的故事，什麼劈山救母，情節熱鬧得很。川劇演二郎神更加精采。神出來只兩隻眼，待要開「天眼」時，演員舉足一踢，立時在印堂便多了一隻眼。原來眼睛畫好貼在靴頭，待舉足時，靴頭恰恰點中印堂，天眼便端端正正貼在印堂之上。川劇有許多時借鏡於江湖戲法，這類「開天眼」的表演，實在也是江湖戲法之一，名為「點彩」。

「點彩」源頭可以一直數到去東漢末年，那時的方士搞神仙變化，忽地由壯漢變為老翁，老翁變為女子，女子變為小兒，諸如此類幻形之術，便即是靠點彩來變。

他們渾身衣服固然經過設計，左覆右蓋，上牽下扯，就變成不同的服飾，至於面部化裝的改變，那就完全是點彩，手指一點、一抹，樣貌就改變了。王亭之多年前訪問過一個川劇團，大家談得來，他們便肯在後台表演一手，原來是戴着層層面具，面具用豬尿胞做，取其薄而且有彈性。

演員如果戴七張豬尿胞面具，那就可以變八個面（一張是本面）。然則何以又稱為「點彩」呢？因為一定要靠手指頭助力，然後才能恰好掙脫一層面具。如若不然，很可能要變紅臉卻變成金臉，那就跟劇情不配合了。

除了面具之外，川劇的變臉還要靠手上以及鞋頭暗藏的一些色彩或工具來「點」。譬如演《望娘灘》，說一個窮家小孩誤吃了龍珠，要化龍而去，當化龍時，便連變七個臉，由本來的粉面，依次變為青、綠、灰、黃、紅、金六個顏色，每變一次，眼下的血淚痕深一些，闊一些，這道血淚痕便是靠裝肚痛滿台打滾時，用鞋尖點上去的。

變完七張臉後，要化龍了，用指頭一點後頸，就彈出兩隻龍角；雙手在面前一抹，便已裝上了龍鼻，然後雙手互抹，手就變為金色（這就是為什麼血淚痕要靠鞋頭來點的緣故，因為手掌已藏有龍鼻和金色，血色便只能藏在鞋頭），演員再轉幾個身，便連衣服都變，變得渾身龍鱗。這時滿台火彩，煙霧迷漫。化龍的演員扯着高索冉冉上天，就真像人變成龍，雖未變全，卻已能掙扎着騰空的樣子。

變臉是川劇獨有的表演藝術，四川恰恰即是道家的重鎮，地近西域，所以又是戲法的傳播中心，難怪川劇便吸收了道家的魔術。

杜七聖演七聖法

宋代由於二郎神的故事流傳，所以江湖藝人便有許多把戲是變二郎神的臉，連帶起來，他座下的梅山七聖便也給搬上場。終於發展成為一套大型魔術「七聖法」。

那時以「七聖」為名的魔術家很多，最著名的是杜七聖。

明代的說話人形容杜七聖，「頭上裹着頭巾，戴着一朵羅帛做的牡丹花，腦後盆大一對金環，拽着半衣，繫着繡裹肚，着一雙多耳麻鞋，露出一身錦片也似文字。」那樣子就似江湖賣武的人。不過赤上身來變戲法卻亦有一個好處，那就是向觀眾表明沒有收藏什麼物事在身，而這個七聖法，恰恰也不用收藏。

《東京夢華錄》對這戲法記錄得很詳細而且生動——

「爆仗響，有煙就地湧出，人面不相覩。煙中有七人皆披髮文身，着青紗短後之衣，錦繡圍肚春帶。內一人金花小帽執白旗，餘皆頭巾，執真刀，互相格鬥擊刺，作破面剖心之勢，謂之七聖刀。」

然而這個表演，卻只是序幕，好戲還在後頭。杜七聖接着出來說口，誇言道：「兩輪日月，一合乾坤，天之上地之下，除了我師父，不曾撞見一個對手與我鬥這家法。」按着回頭叫道：「壽壽我兒，你出來！」

原來他是表演刀斬孩兒這把戲。

據宋人筆記，杜七聖表演的過程，大致如下——先在場地上豎起一枝旗竿，高逾一丈，然後一個小孩出場，爬上旗竿，在旗竿頂上盤旋良久，忽然失踪。

杜七聖這時候拿出銅盤，向觀眾討錢，一邊討，一邊罵小孩子貪玩，不知上天去做什麼事了。待觀眾都給過錢了，杜七聖向周圍作諾，抱拳致謝。就在此時，小孩子卻忽地又在旗竿頂出現，而且手上還捧着一個蟠桃。

杜七聖招小孩下來，問他到底去了哪裏，小孩說上了天宮，偷了王母娘娘的一個蟠桃下來。杜七聖便勃然大怒，說小孩闖禍，王母一定遣五雷來懲罰。既然這樣，不如將你殺了，好解王母之怒。說着就把小孩按在一張木櫈上，一邊唸唸有詞，一邊就斬。

杜七聖先將小孩的頭斬下，放在一個銀盤上，用黑布蓋好，然後逐一將小孩的四肢斬下，就隨手將之放在小孩的身軀上，又用黑布蓋好。這時，已流滿一地的血。

杜七聖又拿出銅盤，向觀眾討賞了，一邊討，一邊說被逼殺死兒子，甚為悽涼，只好等雷神來過之後，再設法將孩子救活。這時候，他又出賣「五雷符」，說可以辟邪治鬼。

賣完符，杜七聖向天的五方各一指，每指便有一聲雷聲，於是他便向五方禮拜。然後對觀眾說，雷神見他已懲罰了孩子，便退出回覆王母了。現在，可以將孩子救活。

他伸雙手入蓋着身軀四肢的黑布中，一邊唸咒，一邊有所動作，良久，把黑布依舊蓋好。然後捧着盛載頭顱的銀盤，連盤遞入黑布之內，又再唸咒。過一會，則見他只把銀盤取出，那銀盤依然蓋着一方黑布。

放下銀盤，他便燒符唸咒，再向蓋着孩子的黑布噀水，一邊又結手印，東指西指，最後呼喝一聲——太上老君，急急如律令，敕！

當他結印向孩子喊一聲敕時，那孩子便揭開黑布，一翻身便跳在地上，還向觀眾抱拳，四方作個羅漢揖，此時，觀眾掌聲雷動，很多人把碎銀銅錢投向孩子。還有些人，這時才向杜七聖買五雷符。

這真是一場精彩的法術。

蛋子和尚鬥杜七聖

且說杜七聖行走江湖多年，每日賣幾百文銅錢度日，雖然誇口，也沒什麼人去跟他理會。一日合該有事，那蛋子和尚學得法術，去到開封，見人人圍着杜七聖看他行法，又聽見他誇口說不曾撞見對手，一時貪玩，便使出迷魂法把孩子迷倒。這樣一來，當杜七聖說要續頭時，孩子便跳不起來。

這宗故事，流傳甚廣。如果加以分析，杜七聖是玩續頭接肢的魔術，這些魔術如今已經常見，並不稀奇，而蛋子和尚的迷魂法，卻亦無非只是催眠術而已。或者當時兩家曾這樣鬥過，然而故事傳下來，卻平添許多神秘。

《平妖傳》裏頭就記下這宗民間傳說：

杜七聖焦躁，道：「莫不眾位看官中有會事的，敢下場來鬥法麼？」問了三聲，又問三聲，沒人下來。杜七聖道：「我這家法術教孩兒臥在板櫈上，作了法，唸了咒語，就像睡着一般。」正要施逞法術解數，卻恨人叢中一個和尚會得這家法術，因見他口出了大言，被和尚先唸了咒，把孩兒的魂魄先收了。

和尚收了孩兒的魂魄，卻不管杜七聖，只走過對面一家麵店吃麵。既坐定，把孩兒的魂魄取出來，用碟兒蓋上，安在桌子上。

那邊杜七聖唸了咒，拿起刀來剁，那孩兒的頭落了。杜七聖放下刀，把被單來蓋了，提起符來，去那小兒身上盤幾遭，又唸了咒，杜七聖道：「看官休怪，我久佔獨角案，此舟過去，想無舟趁了，這家法寶賣這一百道符。」雙手揭起被單看時，只見那孩兒的頭接不上。眾人發聲喊道：「每常揭起臥單，那孩兒便跳起來，今日接不上，決撒了。」

杜七聖再接，依然接不上。他慌了，便連忙賠罪，然後唸咒再接，又接不上。於是他發火了。便在籠兒中取出一個紙包，拿出一顆葫蘆瓜子出來，就地把土掘鬆，把葫蘆瓜子埋下，口中唸唸有詞，噴一口水，喝聲「疾！」就見地下長出一條藤來，漸漸長大，生葉開花，又見花謝，結一個小葫蘆。

杜七聖把那葫蘆兒摘下來，左手提葫蘆兒，右手拿着刀道：「你先不成道理，收了我孩兒的魂魄，叫我接不上頭，你也休想活在世上。」看着葫蘆兒，攔腰一刀，剁下半個葫蘆兒來。在此刻，那和尚正要吃麵，卻只見頭顱從腔子上骨碌碌滾將下來，嚇得滿樓的人驚慌。那和尚卻無頭般站起身來，摸回頭顱。

和尚自己把頭顱裝回頸腔，卻道：「我只顧吃麵，忘了還他孩子魂魄。」便伸手去揭碟子。這邊正揭，那邊杜七聖的孩兒壽壽就跳起身來，看的人都發喊。杜七聖也道：「我從行這家法術，今撞着師父了。」

以上一段蛋子和尚鬥杜七聖的情節，當然有許多添油添醋。不過雖然添，卻也按着戲法的情節來添，這就是民間傳說樸素之處。

《聊齋》的「種梨」

說種葫蘆瓜子立刻就開花結果，那也是一套古代的戲法。遠在西元一六七〇年，日本人就記載了中國的一些戲法，其中最精采的便是「葫蘆開花」與「天宮偷桃」。

在《聊齋誌異》中便有一段故事，名為《種梨》——

有鄉人推着車子賣梨，一個道士要求他施捨一個，鄉人不給，旁人瞧着，便買一個梨給道士吃。

那道士吃完梨，把梨核留下，卻聲稱要請人吃梨，只要人借給他一張鋤、一壺水。眾人好事便張羅給他。見他把土鋤鬆，灌水，便長出一株小梨樹來，慢慢發葉、開花、結果，結出一樹的梨，道士便摘下來請人吃，那賣梨的鄉下人在旁邊，只看呆了眼。

卻待眾人把梨吃光，那道士也一拐一拐地走了，賣梨的鄉下人看看自己的車子，只口定目呆，原來滿車的梨子一個都不見，這才恍然大悟，道士剛才種梨，分給眾人吃的，正是自己的梨子，不禁又惱又怒。

這個種梨的法術，顯然即是「葫蘆開花」的翻版。原來我國自唐代開始，便一直有這套戲法，一直傳到清代，至如今不知是否已經失傳。依王亭之那個懂法術的朋友茅哥說，這正是下茅山的大法，不過他卻不識變，是故王亭之無法知道其中的竅妙。

茅哥自己也只見過一次，是他的師叔變桃。變戲法的地點在大良一個鄉紳家，他的師叔帶着三個徒弟，加上茅哥，五個人住在鄉紳家中避暑。有一天，師叔忽然吩咐茅哥回廣州住五日，然後於第七日回來，不可愆期。茅哥依足吩咐，依時回到，卻原來那天晚上鄉紳家請大客，至酒半酣時，茅哥的師叔等幾個人便出來「演法」了。徒弟先變幾套戲法，雖然不算大法，卻也看到那些鄉紳目瞪口呆。

然後輪到那師叔了，他跟主人討一個桃來吃，留下桃核，便在大廳對開的天井小花圃上變化，變出一株二三尺高的桃樹，結出七八顆桃。

茅哥說，這法術事前大概要準備，遣開他，是不想他知道如何準備，當時他心知肚明。

續頭法用「彩刀」

回頭再說杜七聖的「續頭法」。這個法，王亭之倒知道一些竅門，而且這魔術如今已太過通行，稍為踢爆，應該亦不影響江湖人士的表演。況且，首先踢爆此「續頭法」的，是清代的《鵝幻彙編》。這本《鵝幻彙編》踢爆甚多戲法，尤其極力踢爆下茅山畫符噀水治病的「祝由科」，照王亭之猜，這或者正是下茅山人士的著作。

原來表演這戲法，燒符噀水一切皆假，秘訣在於「一匣藏二刀」。這個匣，行家叫做「彩匣」，兩巴刀，一把是真刀，一把是「彩刀」。如何「一匣藏二刀」，各師各法，但無論如何變法，原理則一。

藏得最巧妙的，如今可數魔術大衛，他用圓鋸片，由天花垂下來鋸，電動，一切似乎無可遮掩。實際上依然是「一匣藏二刀」的原理，先吊下來鋸木方那一塊，當然是真鋸片，再吊上去，待大衛指東畫西，鎖手鎖腳時，最少經歷七八分鐘，這幾分鐘便已經足夠掉包之用。由於燈光由上向下射着舞台，吊上去的鋸片則恰位於暗處，掉一塊「彩鋸片」，當真容易得很。

那把「彩刀」，中間一截有一半是缺口，另外一半則是夾層，缺口用鈍邊鐵片補上，用力一壓，便縮入夾層之內，此即為竅妙也。

古代變戲法，講究恐怖，不似如今的戲術講究氣氛，所以從前勅法佬用的「彩刀」，中間夾層還藏有紅水，一刀斬下，用力一壓，中間那截鈍邊假刀壓入夾層，紅水同時擠出，給斬首的小孩，同時將頭右移，雙肩左移，看起來便真似血流成河，身首異處。這時立即用被單將小孩覆起，乘機拔刀，藏於被單之下，燒符唸咒一番，觀眾的視線即被轉移，不知者便以為真有可以續頭的「七聖符」。

且說，當日蛋子和尚學成法術，一出山便用催眠術跟杜七聖開了個玩笑，從此便名傳江湖。江湖中等閑人士，都怕了他的迷魂大法。

東方朔的點金術

卻說這種迷魂大法，原來亦是由西域傳來。西域的方士串通東方朔，弄到漢武帝可以見西王母，同時見到東方朔就在身邊，西王母指着東方朔說道：「我這裏的蟠桃三千年一熟，這小兒已經偷吃過三次了。」漢武帝辭別王母回宮，醒來已躺在寢宮之內，這不是催眠術是什麼？東方朔由此得到寵幸，屢次逆漢武帝旨，武帝也只笑笑作罷，蓋一直以為東方朔是謫仙人也。

東方朔是山東厭次縣人，地近海域，原來就是秦代方士集中的地方。所以東方朔自己也懂得點小戲法。他做了漢武帝的侍中，整天陪着皇帝，居住在宮中的西域眩人自然要巴結他。

當時由西域來中國一共有三條路：一條海道，由波斯灣經重洋來到山東；兩條陸路，即是所謂天山南北路。由波斯來的西域人，以海道為方便，所以希臘羅馬的點金術，亦先傳到山東。

東方朔未伺候漢武帝時，本來就學會了西域最簡單的點金術。將鐵器洗淨，用酸類除去鐵器上面的氧化層，立刻放在硫酸銅溶液裏，就會產生「離子交換」反應，鐵器表面的鐵離子溶入水中，而硫酸銅溶液中的銅離子卻附着於鐵器表面，漢代人見識不廣，就以為真的是點鐵成金了。

這樣點出來的金，很容易氧化變黑，不過那時中國人已發明了清漆，尤其是山東，既產桐油又產柿漆，方士將鍍上銅的鐵器，塗上桐油開稀的柿漆，瞧起來不但分外金黃，而且可以防止銅層氧化，況且神仙點出來的金器無人敢用，這樣就自然經年不變。

漢武帝會衛夫人

東方朔入宮之後，跟方士輩的交情很好。這也許是因為東方朔本來就喜歡變戲法的緣故。所以他跟一個山東方士李少翁聯手，便演出了召魂大法，這便即是歷史有名的故事：漢武帝隔簾會見衛夫人。

李少翁也名齊少翁，「齊」其實不是他的姓，只是因為他是山東人，山東在漢代為齊郡，是故人以地名，便名之為齊少翁。

王亭之在前文已略略談過漢武帝見衛夫人生魂的戲法，如今則可以詳談。

這套戲法，是三種戲法的綜合表演：第一是「火彩」，騰雲駕霧，閃光眩眼，都要靠它；第二是「高彩」，即是憑空變出一個公仔；第三是「繩彩」，即是踩着繩索高高下下的雜技。三合一，漢武帝就受愚了。

且說漢武帝朝思暮想的衛夫人，原是他姑母家的舞妓，名叫衛子夫。漢武帝收納了她之後，有意提高她的家世，便任用其胞弟衛青，官拜大將軍，三十歲不到就封侯，衛夫人還要說得口響，說道：「三十不封侯，昔人所悲。」

衛夫人年輕身故，漢武帝思念得緊。東方朔知道他的心事，跟齊少翁佈置了一年，可能還有一些西域眩人參與，佈置妥當，而且還可能經過綵排，才向漢武帝推薦齊少翁召衛夫人的魂來跟他相會。

齊少翁答應召魂，但卻要求漢武帝用兩重紗簾來阻隔魂魄，理由很充分，怕傷他的陽氣。

紗簾之外，本已香煙繚繞，施用「火彩」，煙霧愈來愈濃，忽地一聲響，火光一閃，便見到殿角上方突然湧出一陣雲霧，暗地裏有一名女子冉冉飄至；再一陣火光，那女子已斜斜飄下簾前，向漢武帝揖拜，依稀看來，不是衛夫人是誰。

漢武帝那時想掀簾而出，鈔簾又闊又軟，不易掀起，再加上東方朔在旁邊跪着阻止，漢武帝剛掀起第一道簾，想再掀時，火光燭光齊暗，雲霧忽濃，那衛子夫的生魂向皇帝一拜，便騰空而上，那時火光忽明忽暗，彷彿滿室生風，待風定雲收，生魂已飄至殿角上方，循來路昇天去也。

這場表演，遠處的生魂，無非只是用「百合」黏成的彩人，如果用細線牽，還可以做出掩面回眸的動作。這彩人用繩索牽上牽下，便是升空落地了。及至近處，那便只須用一個懂踩繩的繩妓來裝扮。漢武帝時，西域傳來的繩技已很成熟，不少姑娘學曉，專走江湖賣藝，時人稱之為繩妓。要找一個跟衛夫人相貌有七八分相似的，並不困難。表演時，只須藉火光煙霧的遮掩，繩妓就可以跟「彩人」李代桃僵，瞞過漢武帝。

後來齊少翁還埋怨漢武帝，只因他掀紗簾，陽氣衝動了生魂，衛夫人才會去得那麼快。

「天宮偷桃」是繩技

西域傳來的繩技，演為戲法，便有「天宮偷桃」這一傳統法術。《聊齋誌異》對此戲法曾有記載。作者蒲松齡幼時曾入省城，見到當時春日遊會的戲法表演。變戲法的是父子二人，挑着一擔籮筐，在官府堂前的天井表演。

戲法人說，要變桃子，可是時方初春，桃樹才結花，何來桃子呢？戲法人便說：「叫我孩子上天宮的桃園，偷王母的蟠桃罷。」於是他便從籮筐中取出一捆繩索，口中唸唸有詞，又步魁罡，結手印，一番造作之後，將繩索望空一拋，說也奇怪，繩索就凌空升起，彷彿有人在空中拿着繩索往上牽的樣子。待至整捆繩索都冉冉升空之後，戲法人喝聲「疾」，繩索才停止上升，筆直懸空垂下。

這時候，戲法人就叫孩子上天宮偷桃了。孩子起初不肯，說曾經給天將追趕過，幾乎喪掉性命。那戲法人卻說生計艱難，家中又有病人，等錢用，他偷得天宮的蟠桃，官府老爺多多打賞，才可以解家中困境。孩子聽見，躊躇半晌，然後勉強攀繩而上。幾個起落，便不見了孩子的踪影。過一會，天上果然掉下幾個蟠桃，戲法人一一接過，討一個銀盤，將蟠桃盛好，獻給堂上官府列位老爺。正在此時，卻忽生巨變。

堂上官府老爺正接過天上掉下來的蟠桃，卻只見原來筆直下垂的繩索，忽然拍一聲掉落地。戲法人這時慌了，說道：「一定是天人發覺八八兒偷王母的蟠桃了，他們將繩索剪斷，八八兒還怎能回來。」

正張惶間，只見空中掉下四肢、身軀、頭顱，還血迹斑斑。戲法人這時放聲大哭，一邊哭着說：「八八兒給天人斬成一段段，只是為了讓老爺們可以啖到仙桃，長命富貴，如今我獨生孩兒死了，我老來還靠誰人！」這樣呼天搶地般哭，一邊就把殘軀收拾，放入大籮筐裏，最後才收拾繩索。

看戲法的人見他悽涼，況且又見銀盤上明明擺着仙桃，便只好重重打賞他。連在天井外圍觀的老百姓，也都噓吁着解囊。

戲法人一邊道謝，一邊收銀兩，待收齊之後，估計已有過百兩了，卻拍拍籮筐叫道：「八八兒快出來謝賞！」這一喊，籮筐的蓋應聲而起，孩子笑盈盈地跳出來，四面作個羅漢揖，眾人見了，只好吶聲喊驚奇不已，賞過了的銀子也不好討回。

這套戲法，往往變一次就夠用一年，乃是「江湖四大套」之一。日本人在西元十七世紀便曾記錄了這套魔術，稱之為「支那繩技」，但卻未說出戲法的秘密。

中國戲法的繩技，如今已經可能失傳，反而美國的魔術師大衛有繩技表演。他有一輯電視片集，臨到結尾，雙手抱起訪問他的靚女，由舞台飛出去，一路彷彿騰雲駕霧，飄過紐約的上空，真的有如神仙遊戲，這場表演，即是繩技表演。

王亭之看到這表演時，立刻聯想起東方朔與齊少翁，那扮衛夫人的繩妓，大概也是這般飄然而行的樣子。因為踩繩的人，如果技術夠高明的話，正好利用半飄半浮的姿態，來掩飾自己的平衡動作。那些手持雨傘踩鋼索的雜技人，無非是繩技中的小兒科耳。

唐代的繩技故事

中國的繩技，其實亦由西域傳入，前文提過的天竺國人舍利，不但是魔術祖師，而且還是繩技的祖師爺。在《晉書・樂志》裏，便有舍利玩繩技的記載。

記載說：「後漢天子受朝賀，舍利從西來，戲於殿前，以兩大繩兩柱頭，相去數丈，兩倡女對舞，行於繩上，相逢切肩而不傾。」

由此可見，當時舍利還訓練到「倡女」踏繩索歌舞。但這卻無非只是雜技表演而已，不足為異。

最怪異的是垂直的繩技。《聊齋》所記的戲法，其實在唐代已經出現，而且技巧還十分純熟。《淵鑑類涵》引佚書《艷異編》，便有一宗關於垂直繩技的公案。

故事說——唐開元年間，天下太平無事，皇帝便下令郡縣舉行戲法、雜技、歌舞比賽，一級級比上去，勝者可得巨賞。舉辦比賽的目的，是搜羅一批身懷絕技的藝人，徵召入宮作表演，因為楊貴妃喜歡看。

這樣一來，便忙壞了各單位領導人。賞金還是小事，若能搜羅到一名奇才異能之士，受明皇與貴妃賞識，簡直是陞官的終南捷徑。

其時，嘉興縣的公安情治單位領導十分緊張，下令在監獄中找人才，於是獄吏便召集囚徒宣布，請他們自動請纓。有一個囚徒說：「我識玩繩技。」獄吏聞言，嗤之以鼻曰：「繩技有什麼稀奇！」那囚徒卻不慌不忙回答說：「我玩的繩技與眾不同。」

獄吏聞言，便問那囚徒有什麼與眾不同之處。囚徒說：「人人玩繩技，都只是將繩繫着兩頭，打橫索緊，然後在繩上周旋踏舞。我卻只須一繩，至少長五十尺，如手指般粗細，拋向空中，我便可以凌空騰挪跳擲。」

這獄吏聞言大為驚奇，立刻向監主稟報，監主再召那囚徒問過，便吩咐準備百尺繩索，明日領囚徒試演。

那囚徒問：「在什麼地方試演？」

監主反問他說：「你想在什麼地方？」

囚徒說：「當然最好便是在將來進行比賽的地方。」監主一聽，十分有理，便去交涉場地，當時為了方便比賽，已建造了一個露天的戲場，剛剛完工。監主去交涉借用，縣官聽見有這樣奇的表演，不但一口答應借場，自己還要親自去看。

當監主將消息告知那囚徒時，他要求先去看看場地，以免有錯失，在知縣大老爺面前出醜。監主答應，明天就帶他去看，後天試演。

到試演之日，囚徒換過輕便的衣裳，穿上薄底快靴，紮上頭巾，施施然上場。監主已替他將繩索準備好，不只他要求的五十尺，繩長加倍，足一百尺。

囚徒將那百尺圍繩接過，放在地上，向四周作個羅漢揖，便開始表演了。

只見他執着繩的一頭，向空中拋擲，每拋二三呎，繩子竟懸空筆直地垂下。後來愈拋愈長，竟至一拋就過丈，繩子依然直立如有人在天上牽着一樣。這時候，看的人都驚奇不已，人人仰首望天，想看繩頭到底何在。

囚徒於是一手牽着繩，騰身而上，雙腿雙足夾着繩索，說時遲那時快，剎那便已攀至半空。囚徒往下收繩，再凌空上拋，只見繩索疾向旁飛，囚徒亦如飛鳥般沿着繩索，一路斜斜遠颺而去。及至縣官與監主醒覺時，囚徒已不知去向，連那捆繩子也不見踪影。

這宗囚徒脫身的故事，當時千目共睹，所以十分轟動，竟傳到唐明皇都知道。他說：「何必越獄，無論他犯什麼罪，我都可以封他做御前供奉。」惋惜之情，溢於言表。

唐開元年間嘉興縣囚徒的繩技，不恰恰就是《聊齋》「天宮偷桃」的繩技耶？只不過表演的形式有變化，實際上換湯不換藥。這種技巧，已經是戲法而不是雜技了。

但若追根尋源，這戲法其實亦由西域傳來，並非中國土生的戲法。

下茅山的天神下降

在敦煌石窟中便有一幅北魏時代的壁畫，畫着這戲法的表演情形：在地上搭一個三角形的圍幕，從圍幕中，筆直地凌空懸着一根繩索，有兩個人伏身在繩索上，手舞足蹈地沿着繩索上天。

不只如此，就在四十年代，王亭之有一位表叔在印度經商，據他說，還見過印度魔術師在表演類似「天宮偷桃」的魔術，不過不是偷王母的蟠桃，而是偷大梵天王（即是香港人稱的「四面佛」）的芒果。同樣是叫一個小孩子爬繩上天去偷，芒果跌落來之後，同樣是跌下斷手斷腳，十足十《聊齋》故事的翻版。王亭之當時聽說，恨不得立刻去印度一次，不是取經，是看魔術。

這種凌空懸索的戲法，也是下茅山四大法術之一，不過表演起來又有點變化。

下茅山的法師一樣拋繩，但卻不是沿繩而上，而是有神將沿繩而下，在距地面七八丈處示現真身，這時，照例有雲霧興起。然而這也很容易解釋，天神下降，怎能不興雲作霧耶？可是這戲法卻亦有犯駁之處。既然是天神，駕着雲頭下來就是，何必要靠繩索才能下到凡間？然而因為表演得實在精采，所以看的人早已虔誠下拜，哪裏顧得懷疑。

興雲作霧，是古代戲法中的重要手段。如今的俗語說：「大把戲不離一張氈，小把戲不離一把扇」，氈與扇的功能，蓋亦等於雲霧而已。看起來，則雲霧自然而且好看，更且絕無漏洞，其境界高出於氈與扇者遠矣。

「敕法」有法有魔術

前文所說宋代演「七聖法」的人，不只杜七聖一個，可是這套法術因為太過恐怖，觀眾有限制，是故傳名者便不多。根據宋人筆記，除杜七聖外，還有一位張七聖，他一生只在京師東角樓瓦舍中表演，那是屬於次一級的表演場地了。

這類演法的藝人，廣府人稱之為「敕法佬」。「敕法」的敕，即是「得敕」的敕。敕者也，皇家的命令也。手持皇令，當然得敕，今人誤書為「得戚」，那就不知所謂。

至於敕法佬喊一聲「敕！」則是代宣太上老君的命令。他們照例喊道：「太上老君，急急如律令，敕！」若例之以文法，則語句紊亂，但若看成為口語，那就很生動。有如我們的日常口語：「波士㗎，快的照做啦，柯打呀！」（「太上老君㗎，快快照做，命令呀！」）後代文人不解此為口語，於是便說「急急」是鬼名，是真可謂連說話都不懂。

這類敕法，多屬於下茅山系統。他們的表演，應該兼含法術與魔術的成分。因為像穿過萬里長城這類表演，至少亦有形神合一的道法基礎。可是，光煉精氣神，亦一定不能穿過長城的厚壁，所以其中便必有魔術的配合。

中國為了壓制異能熱，曾舉辦過一場表演，拆穿異能亦靠魔術，這應該即是事情的真相。

敕法的法術，來源甚古，稱為「變化」。據葛洪《抱朴子》言，墨子有《五行記》五卷，即「變化」之術。後來淮南王劉安摘取書中的要術，輯為一卷，施術時，用藥用符，可以隱形，可以飛行，「含笑即為婦人，蹙面即為老翁，踞地即為小兒」，且能晝地為河，撮土成山，如是種種。

葛洪所指，未知是否即是《淮南鴻寶萬術畢》一書。所謂「用藥用符」，其中恐怕即有魔術的成分。

此外還有「玉女隱微」一卷，則能化形為飛禽走獸、金木土石，又能興雲致雨，分形千人，其修煉之法，則須步星。

這裏的所謂「步星」，恐怕便跟奇門遁甲之類有關，其間相信亦有魔術成分。

我們提過，美國的魔術大王大衛・考柏菲爾自己說，他的魔術，有中國道家魔術的成分，相信所指即是前述種種。只不過道家將之視為神仙之術，不肯承認其中的魔術因素而已。今日若能站在魔術的角度，重新檢討一切「變化」之術，相信必能在魔術界放一異彩，不讓大衛專美也。

但前面亦提到「用符」與「步星」，這些即是道家的修煉工夫，因此道家的「變化」雖屬魔術，實際上亦跟凝神致志、以氣御術很有關係，倘更誇張為「異能」，則未免欺人。

左慈的「變化」術

關於「變化」，最著名的術士是三國的左慈。「左慈戲曹」，是《三國演義》中很精采的情節。

相傳左慈在天柱山一石室中，得《九丹金液經》，由是即能變化。曹操喜養方士，因慕名延聘。及左慈來到，曹操為了考驗他，便將他軟禁於石室中，每日但給他兩升水。

經過一年，放左慈出來，只見其顏容如舊。曹操因此便想拜左慈為師，左慈卻笑道：「學道的人，須當忠義。」曹操聞言心中暗怒，一時且不發作。

左慈知曹操不悅，便欲辭去，且說：「知公欲殺，是故求去。」曹操詐道：「我哪裏有殺你的意思，既然你懷疑，我且置酒為你餞行。」

既置酒，曹操嘆道：「今日珍饈略備，但少松江鱸魚耳。」左慈因求曹操用銅盆盛着水，自己拿着一根釣竿在銅盆中釣，頃刻，便釣到一尾三尺長的松江鱸，如是三釣，即得三尾，座客為之失色。

曹操卻又嘆道：「雖然得到松江鱸魚，但卻恨無四川的生薑用來整治。」左慈說這也很容易，可赴四川去取。曹操卻又出難題道：「我派人去四川買蜀錦，左君如往四川，可順便吩咐他多買兩疋。」

左慈微笑，立即變出蜀薑。其後買蜀錦的人回來，亦說奉命多買兩疋。曹操因此大驚。

像左慈這樣的人，古代稱為「方士」，如今則大概稱為「異能人」了。

與左慈同時的方士很多，但精於「變化」的，卻以左慈最為突出。曹操要捉他，他可以化身入羊群，又可以令羊群都變成他的樣子，還能令每隻羊都一齊口吐人言。這樣的法術，便絕非現代的「異能人」可及。

有人告訴王亭之，親眼見到一位號稱神仙的「異能人」，往窗外一伸手，立刻就可以取到東西，於是便以為真的遇仙了，實際上這無非等於左慈，頃刻間就釣到松江鱸魚，取到蜀薑，在方術家，稱之為「搬運術」。正統道家（尤其是內丹修煉的道家）則絕對不以此等小術為重。上茅山與下茅山的分別，即在於此。所以他們同樣燒符、唸咒、結印，但實際在修持上則大有分別。

清末黃協塤的《淞南夢影錄》，便記載當時的「西洋戲法」——「戲士登場，手持火槍一，長二尺許，管粗若酒杯。借看客所佩時表，擣如齏粉，納槍管中，攀機一發，響若巨霆，驀見所碎表掛屏風上，略不絲毫損。」

這種模式的戲法，如今已司空見慣，惟在清末，自然哄動一時。這種魔術便即是「搬運術」，而且屬於術之小者。比上述「西洋戲法」更精采的魔術，已比比皆是。

「魔術大衛」的搬運術

前文說過的「五鼠運財」，敕法佬亦稱之為「搬運術」。如今所說的「異能人」，問人拿一張名片，然後將之撕碎，再放入嘴中嚼爛，吐出來，將名片還原，實在也屬於「搬運術」的範圍。至於將名片搬入人家的口袋，那更是小搬運術而已。

大衛・考柏菲爾的魔術，有很多「搬運術」的成分。他有一套小魔術——拿一副撲克牌，任人抽出一張，看清楚花紋點數之後，將牌洗勻，他驀地將整副撲克牌凌空一拋，紙牌紛紛墮地，然而抽出來的一張卻不墮地，貼在旁邊的玻璃窗上，而且還是貼在窗外那一面。

這套魔術雖小，實際上難度很高，如果紙牌貼在室內那一邊的窗玻璃，還可以使用手法，香港文化人中，袁步雲隨時可以表演。但窗戶關閉，而紙牌竟能飛出窗外，貼在窗玻璃上，那就比打開窗戶，拿手出窗外取物還要難。

所以王亭之常說，這位「魔術大衛」，如果以「神仙」來標榜自己，香港人亦一定會有人信他是神仙。

下茅山的術士每精「搬運」，往往驚世駭俗，到底其中有無「魔術」，真的可謂是見仁見智。然而這種法術既不為正統道家所重，因此術者跟神仙便根本是兩回事。

破「神仙」的法

有一個號稱「神仙」的「異能人」，曾數度來港，據說連文化界的查大俠都對他非常信仰。這個「神仙」即精於下茅山的「搬運術」者也。其人住在酒店，一伸手出窗外，即便可以取到飲食，食畢，才叫人去酒吧餐廳結帳——這等於前述程叔叔的故事，搬完錢，買生果吃罷，才叫人還錢給後街的補鞋佬。

「神仙」喜跟人玩沙蟹，據說必勝。有一次，王亭之有一個徒弟便跟他賭過沙蟹，輸掉幾萬銀，而且每輸必遇「冤家牌」，心知一定是給「神仙」整蠱了。可是明知「神仙」沒錢，他雖有人包食宿，但總要點零用錢，是故一笑作罷，當如供養。

然而過了幾日，「神仙」又電召他來酒店，三言兩語之後，便又要玩沙蟹。這時，徒弟肉痛，很不想再輸，他福至心靈，便一邊跟「神仙」賭，一邊默唸「蓮花生大士咒」，咒一唸，

「神仙」就不靈了。後來，「神仙」發狠，張張牌加注，愈輸愈加，加到十幾萬銀看一隻牌，還是輸，終於加到五十萬看牌，徒弟一算，這注輸給他，抵償贏得的數碼，無非只輸幾千元，便於跟注之後蓋牌認輸。不過那「神仙」亦有本事，便對王亭之的徒弟說：「你是故意輸給我的，一開牌，你就贏。」

從此，「神仙」也就再不找那徒弟去賭沙蟹了，於是過往便疏。

漢代方士與魔術

其實自古以來，正宗的道家亦玩魔術，所以我國的魔術家一向將呂祖當成祖師。這樣一來，就不稱為魔術而稱為「法術」了。

有些古老的法術，已經知道它們的變演方法，但有些卻只知其原理。王亭之在這裏可以略述一二。

表演法術最成功的方士，是西漢年間的欒大。他在漢武帝面前玩兩隻棋子，這兩隻棋一時互相追逐，一時又互相推拒，把漢武帝看到眼花繚亂，竟然相信是神仙陰陽之術，便把公主下嫁給這方士，期望這個女婿可以令自己長生不老。

如今誰都知道，欒大其實只是玩三枚磁石，起初放兩隻在几案上，做作一番，掉包一隻，那就可以由追逐變為推拒，或由推拒變為追逐，想不到這樣的一套小魔術，竟然可以令他搖身一變，由方士變為貴族，變魔術所得的代價之高，真的可謂空前絕後了。

但是也不能說古代的方士完全玩魔術。例如東海黃公的故事，即可提出一個反證。

秦代末年，東海地方出了一個方士，自名黃公，人因此便以「東海黃公」來稱呼他。他生平擅長驅蛇伏虎，當地方發現蛇虎時，地方官便出重金請他施術。

黃公行術時，穿上彩衣，束髮，佩金錯刀，佩豹皮囊。在囊中即有諸般法器以及靈符。他在驅蛇伏虎之前，顯然先來一些魔術表演，如立地興起雲霧，又變成山河幻景等等，表演一番，令到坐在遠處的官吏滿意，他才出發施術。

傳說他一生施術，從未失敗過，及至後來年老力衰，他奉命去伏白虎，持赤刀而往，竟給白虎咬死。這場表演令他失去生命，於是後代的方士，便編成「東海黃公」這齣節目來紀念他。

到漢代，「東海黃公」竟有如馬戲團的節目，魔術馴獸出齊，甚至還將當日由西域傳來的婆羅門幻術，如噴火、弄丸、吞劍之類，也加插進去，最後才表演黃公為白虎咬死的舞蹈，在當時，成為十分叫座的表演節目。

黃公的驅蛇不難，只須懂用硫黃就可以了，他的伏虎，則一定有方術的成分在內，不全然是魔術。方術須氣，是故其年老氣衰才會伏虎失敗。這樣一來，又不能說漢代的巫師完全是玩魔術了，甚至可能是道家的先河。

麻姑與太玄女

晉代著《抱朴子》的葛洪是個讀書人，他雖然慕道，修煉內丹外丹，但對當時方士的魔術卻可謂完全一無所知，竟信以為真，是故他在《神仙傳》中所記的許多神仙故事，倘如整理起來，實在不妨將之當成是漢晉兩代的魔術大全。有許多表演的原理，現代魔術家完全知道，甚至可能還認為是小兒科表演。

例如晉代時有一個方士，自稱為漢代的王方平，忽然來到蔡經的府邸，說可以召來女仙，因令蔡經盛置酒筵，然後作法召請。卻說麻姑已去蓬萊，如今要等她回來。

如是等候了四小時，雲霧忽興，及至霧散，則麻姑已由大門逕自走了進來，原來是個十八九歲的妙齡女子，滿身錦衣文采，梳高髻，非常美麗，長着長長的指甲，指甲彎彎如鳥爪。蔡經見到，連忙禮拜，延之上座。

麻姑於席次忽對王方平說：「我已經三次見到滄海變為桑田。剛才我去蓬萊，只見水又比從前淺了，只及當初的一半，莫不是東海又將變為平陸。」王方平點頭說：「許多朋友都說，東海已經有塵了，真的恐怕會變成陸地。」如是一問一答，把蔡經嚇得半死。

蔡經有個弟婦，大着個肚子來窺看神仙，給麻姑見到，隨手拿起米粒揑在掌裏，往前一拋，便只見滿地丹砂，說是要辟孕婦的穢氣。就這麼一個小魔術，居然表演成功。撒米變丹砂，魔術家叫做「手彩」，只是很小兒科的表演，但由於氣氛營造得好，所以這表演收穫甚大。

蔡經的住宅在江西南城，至今尚稱其近郊的山為麻姑山，山半有會仙亭，相信即蔡經的住宅舊址，山頂有壇，至唐代書法家顏真卿出任撫州刺史，還親自撰書了一篇《麻姑仙壇記》，樹碑於壇前。許多人學顏體書，即以此碑的拓本作為範本。至於當時，那自稱為王方平的方士，受到蔡經厚厚的供養，且受當時許多貴宦委託往蓬萊採藥，賺取了大量金銀珠寶，那當然不在話下。

魔術家又似乎以女子最適宜訓練。在晉代，便有一個名為太玄女的女仙，能搬運術，可以在平地遠處變出房舍，視之儼然，及至人欲往看，太玄女一指，房舍卻忽地失踪。她又能夠將物件變大變小，還能吐火，在火中化為老翁。這種種變化，令當時的人無不心醉。然而她卻令女弟子以房中術教人，稱為「玉子術」，師徒眾即以此「渡人無數」云云。

所以同是魔術，若拿來走江湖表演便不值錢，一變成仙術，立刻便可以賺大量金銀。像麻姑與太玄女，即可視之為晉代的女魔術家。然而麻姑卻比較懂得包裝，所以她就不必以仙人身份來犧牲色相。這又比太玄女算是高明得多了，而且聲名亦大。

張果老變容見明皇

有時神仙表演恐怕亦要助手。如唐明皇時的張果（即是八仙中的張果老），初見明皇時，只見他老態龍鍾，張口見牙齒零落，襯着長長的白髯，真的不似神仙。

張果卻知唐明皇的意思，因道：「陛下如果嫌小臣的牙齒難看，便請拿一個金鍾來。」

唐明皇於是命人去拿金錘，只見張果接過錘子，便張口亂敲，然後吐出幾枚枯牙，及至用水漱過口時，再梳理鬍鬚，洗過臉，登時便變成另一副面目，只見滿口白齒，襯着白髯之時，便看似飄飄欲仙了。

這一套，無非只是舞台的化裝術而已。先化一個衰老的裝，再盥洗還原，恐怕不必化裝大師陳文輝都可以辦得到。

然而及至張果辭行，一路退出殿角，他忽地探囊取出一隻紙驢，望風一抖，再吹幾口氣，一轉身，便見一隻真驢出現，張果於是向唐明皇一揖，騰身上驢，倒騎着冉冉而去。

這套魔術表演，便恐怕非得有助手不可，要不然，誰替他事先拉着驢子呢？

不過張果雖然用魔術來騙唐明皇，他本人的內丹功夫卻實很深，所以其人十分長壽，而由他傳下來的內丹訣，實在可以說是南宗丹派的先河。因此魔術可能只是手段，玩魔術的方士實未必沒有真功夫也。八仙中的呂洞賓與韓湘子，都是這類人物。

韓湘子「火中生蓮」

八仙中的韓湘子，便曾在其叔父韓愈面前變過一套戲法，叫做「火中生蓮」。

他拿出一粒蓮子，交給韓愈看過，認為無假，然後唸唸有詞，「敕」一聲將蓮子隨手投入書房中的火盆之內，只見他又繼續結印，禹步作法，果然火盆中慢慢就長出一朵蓮花來。不過韓湘子卻一手將花連莖摘走，大步踏出書房，口中作歌道——

「一壺藏世界，三尺斬妖邪，解造逡巡酒，能開頃刻花。」

韓湘子這套戲法，由唐代一直流傳至今，後人並且根據其原理，演變出許多戲法。它的原理，無非是很精緻的手工藝——

將蓮子一粒小心剖開，將中心挖空，只剩薄薄的一層肉，小心蓮子衣不可損毀。然後用通草做成小荷花一朵，染上顏色，再連上通草做的荷梗。又用極細銅絲盤曲成型，即盤曲成彈簧的樣子，穿入荷梗之內。銅絲彈簧的另一端則連上一個小小的鉛彈丸，製作妥當，將它們一起藏在空心蓮子之內，再小心用白桃膠將之粘合。這樣的一粒蓮子，便是神仙的道具了。

當蓮子投入火盆中時，火炭中的炭將膠燒化，蓮子綻口，那銅絲彈簧便將通草荷花彈出，這時，韓湘子急急將花拿走，既免火燒，又省得給人看破，再作歌而去，便更顯得有若神仙般瀟灑，真「仙術」也。

張天師召關雲長

其實韓湘子的「仙術」，係由婆羅門傳來。由漢代開始，中國即與西域溝通，其時甘肅、新疆一帶的西域婆羅門，精通「百戲」，能吐火吞劍，揮繩弄丸，於漢武帝時，這些雜技家與魔術師大量流入中原，由是便傳入了許多婆羅門魔術。

這些魔術，不但道家表演，其實佛教亦有表演（如今靠魔術表演來開宗立派者，更比比皆是）。最初一次表演，據說即在漢明帝永平八年（西元六十五年）之時。

那一年，印度有三個僧人來謁見漢明帝，在殿前說法，漢明帝不信，那些僧人竟凌空變出一座七層寶塔出來，七彩繽紛，且有鈴聲作響。漢明帝見到，大吃一驚，因此下詔准許西域婆羅門傳法。——這段記載，出於費長房的《歷代三寶紀》。

西域婆羅門這套戲法，變中國戲法的人，稱之為「高彩」，即是將道具扯高之謂。

製作彩塔當然要有很高的手藝，但其原理，則無非是將綢絹做成能壓扁摺疊的七層塔，然後藉袈裟的遮掩，將塔抖開。據說這種「高彩」，手藝精者可做到五尺餘高，因此又可以製為神像，於煙霧迷漫中，令人以為是神人凌空下降現身。有一代張天師即曾作此表演，真是戲法人人會變，手法則各有不同。但上焉者則「面聖」，下焉者則走江湖耳。

第三十代天師張繼先，為北宋末年的道教掌教。

崇寧二年，澥州奏稱鹽池水溢，浸壞了農田。朝廷因以為是蛟龍為患，便召張天師上朝，命之斬蛟。那張繼先見到皇帝，應對從容。皇帝問他：「你住在龍虎山，何曾見過龍虎？」張天師答道：「虎則常見，惟今日方睹真龍。」這麼一擦鞋，皇帝便大為歡喜，於是竟留張天師宿於宮內。

翌日，皇帝上殿命張天師往澥州斬蛟，張天師奏道：「臣但書鐵符，召神將，令一弟子往治之可矣。」自己竟賴在皇宮不走。

過了幾天，澥州奏道有白蛟死於鹽池邊。皇帝十分歡喜，立即賜宴張天師。酒次，皇帝忽問道：「你召哪一個神將斬蛟，可不可以請他來一見。」

張天師聞言，回奏道：「臣所召的神將是關羽。」因即跟同宴的兩個徒弟，一齊在殿的左角禹步作法，稍頃，忽興雲霧，張天師大袖一揮，唱聲「太上老君急急如律令，敕！」關羽便赫然現身於雲霧之中了。

皇帝見了大驚，急急以崇寧錢向張天師擲去，說道：「封你，封你！」張天師由是便得上寵，皇帝替他蓋了一座上清觀。

明眼的讀者，當知張繼先所用的，無非只是婆羅門僧人的「高彩」而已。

東莞煙花有「高彩」

對「高彩」，王亭之頗有認識，乃由於當年曾跟一位製東莞煙花的老藝人討教過。

往時的煙花不像今日，但只噴出色彩繽紛的火花，其時若有生日婚宴等慶典，大戶人家往往便請煙花藝人表演。

表演前，藝人會來相度位置，搭架竹棚，又在棚的兩邊安裝活動風翼，可以扯動，用來臨時調節風向。

他們放出來的煙花，有人物表演，王亭之小時候就看過，他們燒出一套《三英戰呂布》、一套《嫦娥奔月》、一套《天姬送子》。煙花放出之後，在煙霧迷漫、火花迸射之中，便出現一些人物，這些人物還有動作，配合煙花藝人的簡單樂器，那就簡直有如一齣戲劇。

如今五十多年過去，懂得製作這些煙花的老藝人，大概已經消亡殆盡，而且恐怕亦沒有傳人了。

卻說當年那些東莞藝人表演過後，自然留宿一宵。至翌晨，在天井拾到一些紙公仔，已經燒到破爛，王亭之好奇，將公仔拆開來看，只見有三條棕色的紙條支持着公仔的身軀，把紙條弄斷，但見是層層薄紙，當時因便去請教煙花藝人，那到底是什麼東西？

那些煙花藝人起初推推搪搪，及至下人傳出，吩咐留飯，而且還問他們喜歡喝什麼酒，同時每人又打賞一封利是。那些藝人才為主人的盛意感動，用鄉下話商量了幾句，才告訴王亭之，那幾條紙是他們的手工秘密，行話稱之為「百摺」（讀音則如「百閘」）。

原來那是將紗紙一層層加漆粘合。那些漆又不是普遍的漆，而是「柿漆」，即將柿樹砍開，取其流出的汁液用以製造。

這樣一層層紗紙粘合之後，剪成一條，用來糊成骨架，再在上面蒙成紙人的形狀，那紙人就可以摺扁起來，當一旦遇到熱力時，由於柿漆的功能，「百摺」便會伸直，因此就將紙人整體張開。在煙霧迷漫中，簡直令人認為這紙人是憑空出現。

王亭之當時悟到，大型一點的紙人紙馬，應該是這類表演。後來讀到《張天師世家》，記載張繼先的故事，宋徽宗道君皇帝見他竟在殿角「召來」關羽，驚得半死，王亭之便不禁失笑，知張繼先用的紙人或布人，無非亦是靠「百摺」而已。

近日讀到清代人著的戲法書，亦有提到「百摺」，卻只不過稱之為「百合」，因而悟到，由漢代至今，「高彩」的戲法已變了許多形式，甚至竟被應用到工藝中去，一理通百理明，是真可謂變化多端。

戲法的源流

中國的戲法，在北魏年間已發展到高峰。其時為西元四世紀末至六世紀中，大概有一百五十年左右的發展。

原來，當時北魏統一了中國的北方，跟南朝對峙，而洛陽則為當時的首都。北魏君主歷代信仰佛教，因此西域人大量湧入，其中便包括了方術婆羅門，這些西域魔術師便促進了中國戲法的發展。

當時洛陽廟宇林立，每逢佛誕菩薩誕，甚至初一十五，大廟都有「廟會」，據《洛陽伽藍記》記載，廟會「召諸音樂，呈伎寺內」，關於戲法的表演，則有「飛空幻惑，世所未睹」，以至「剝驢撥井」，以及「植棗種瓜，須臾之間，皆得食之。」這些項目，已經成為唐宋年間的中國傳統戲法了。

這些戲法不可能不影響到道家。道家吸收了婆羅門的戲法，再加上方士道的魔術，因此到了唐代，便立刻神仙輩出，我們只須看看許多唐代神仙的傳記，便會發現，許多神仙變化大致上跟婆羅門戲法相似。

王亭之甚至懷疑，如前述川劇的「變臉」，恐怕便即是道家「變形之術」的運用。很多神仙能須臾變化為老翁、小兒、婦人，跟川劇藝人一個轉身就變一個臉，甚至連服飾都變，應該是師承一脈。這些變化，應該可以追溯其來源至漢代，而大成於北魏。

民初雲南鬥法的故事

變「戲法」很重精神作用，施法的人，一受心理威脅，一分神，「戲法」就變不成，尤其是「搬運法」。

前文那個「神仙」，如果不知道王亭之的徒弟修密宗，那就什麼事都沒有，區區密咒，決破不了他的「搬運法」。

壞就壞在他知道，所以他一見徒弟喃喃，就不免分神，一分神，施法便受影響。

在民國初年，雲南即便盛傳一件鬥法的故事，由這故事，便可以知道施法時分神之害。

雲南多巫師，其中有些巫師亦通密咒，因為密宗紅教的教法曾一度傳入雲南，與大理國的傳統文化結合，便成為宗派。

有一位河南人，姓徐，曾從北京寶喇嘛學法，修「大黑天忿怒尊」，因資質聰穎，卓然有成，他便四出為人驅邪治鬼，往往奇驗，於是便昧於修法的見地，但以法為術，儼然靈異也矣。

徐君因商入貴州，碰到一位雲南的密教黃巫師。黃巫師的巫術在當地很有名望，人視之為仙為佛，可是徐君卻認為他所學的密法並非正統，因此很瞧他不起。在他們二人碰頭的場合，徐君一定多方侮辱，黃巫師因此便含恨在心。

黃巫師回家，結壇禁咒，欲害徐君，可是徐君亦日日修「大黑天法」，因此禁咒無效。黃巫師不忿，便找機會當面施術。

終於，他打聽到徐君去看演劇，那天是城隍誕，演的是露天戲，因此他很容易便逼到徐君的背後，喃喃唸咒結印作法。

徐君於看劇間，忽覺背寒，一絲寒氣由背心漸漸衝上後腦，心知不對，立刻觀想「大黑天本尊」，放光護體。黃巫師不知道，還以為法術已驗，便拍拍徐君的背脊道：「來！」

徐君心知肚明，卻想看看他弄什麼花樣，便一邊凝神觀想，一邊假裝被迷，隨着黃巫師去。一直去到一處郊野。

黃巫師四顧無人，便返身指着徐君道：「止步。」然後結印左畫道：「這邊都是高山，見否？」徐君不應。黃巫師又以印右畫道：「這邊即是大海，見否？」徐君又不答。

這時候，黃巫師知道事有蹊蹺，便想逃走。徐君立即結印唸咒，以印指着黃巫師，那黃巫師心中害怕，便亦結印唸咒相拒。如是彼此撐持良久，黃巫師終於不敵，便斂手道：「我們彼此同道，何必相害。我的法不及你高，以後我們就坦誠相交，你做師兄，我做師弟，從此了結恩怨，如何？」徐君於是一笑作罷，而鬥法的故事便居然傳至京師矣。

住在北京的寶喇嘛，聽人傳來，說徐某跟雲南大理的巫師鬥法，很不高興，便寄信給徐某加以儆戒，同時囑他必須時刻調心，以免中巫術。徐君得信，心中不禁凜然。

且說那黃巫師，自從跟徐君訂交之後，每日便都帶他到聲色犬馬的場所。表面上，他是盡地主之誼，刻意結納，實際上卻是觀察徐君的定力，看什麼場所最能令他動心。

經過幾個月的觀察，黃巫師發現徐君凝神專一的功夫很深，惟有當妓女向他獻媚時，心才稍動，但一動又復能靜，似乎無瑕可擊。

於是有一天，黃巫師便要帶徐君回家飲酒，說要介紹自己的師妹跟他見面，研究密法。徐君雖覺其中有詐，但自恃功力深厚，也就隨他去了。

既至黃宅，黃巫師引一雲南白族的女子出見，自然已經漢化，姓鍾。黃巫師便置酒於內室，三人娓娓深談。至席半，黃巫師辭席更衣，那師妹便跟徐君談起密宗的雙身法，愈說態度愈媚，徐君這時，定力盡失，不覺忘形。

屏風後面，忽然傳來黃巫師的笑聲道：「呵呵，爾亦有今日耶！」徐君聞言，欲收攝心神已來不及，只見天旋地轉，如醉如夢，夢中忽在人間，忽在地獄，而心中仍存一念，但覺神識已飛離肉體。正在這時，卻忽聞一聲霹靂，徐君不禁心魂一震。

那一聲霹靂，把徐君震醒，黃巫師不見，只見他的師妹在座。那師妹見徐君醒來，便對他說，黃巫師原來跟她合謀，用「追魂術」來取徐君的命，因為據黃巫師說，徐君恃術，侮辱他們的師門。

但於席上傾談之際，她發現徐君的為人不似師兄所說，是故在獻媚令徐君分神之際，便留有餘地。所以黃巫師在屏風後施法，便未能全部追去徐君的神識。

當徐君昏迷之際，頭枕在她的大腿上，她見徐君顏如白玉，心中不覺一蕩。誰知，黃巫師竟想趁她心蕩，便連她的魂亦追去。正在此電光火石之際，她驀然驚覺，於黃巫師尚未施術的剎那，先行凝神施術，黃巫師中招，立刻返身逃走，她便也救醒徐君。

徐君聞言，不禁汗涔涔下，道謝告辭，對此儷人亦不敢有非分之想。其後更憶及師尊的警告，於是結束生意，回返北京。

這宗故事發生於民初密宗初入民間之際，當時雍和宮的寶喇嘛名氣很大，所以當徐某返京之後，故事便更喧傳得厲害，一時要求學「大黑天法」的人，竟至逾萬。

由這個故事，可知一切法門首要在於凝神，此即道家之所謂「守一」，若心神分散，法力便減，或竟至於無用。由修巫術以至修佛修道，悉皆如此，不論邪正皆無例外。

「守一」可修天眼

「守一」這門道術，也沒有什麼神秘，只是將精神集中於自己身體上的一點，全神貫注，如癡如醉。各門派修煉「守一」，所守的竅道都不同，道家則多守三丹田——上丹田在眉心，下丹田在臍後，中丹田則說法多端，王亭之的師門傳授，則為在心窩下一寸二分。

守三丹田的煉法，自《黃庭經》以來已然如是。不過《黃庭經》則教人觀想丹田中有神，稱之為「景神」，景神其實即是「影神」，這些神並非實有，只不過是人心中存想的影子，是故稱之為影神。

後來道家不觀想景神了，只觀想丹田是一點光明。反而西藏密宗卻一直都觀「身壇城」，即是在人身中觀想有一百位本尊，分佈在三脈四輪。這種修法，便跟《黃庭經》的景神很相似。《黃庭經》產生於中國晉代，西藏密宗則承接印度密宗的修法，為什麼二者竟會相似，這真是一件值得研究的事。

喜歡修特異功能的道家，專修眉心，先在自然環境中守眉心，後來則在暗室中修，一直修至眉心發熱，出現白光，神通便出現了。清代有一位道長，名閔小艮，他便傳下詳細的功法，修者若精進，二十一日便可得小神通，能生「天眼」，可以隔壁見物。如今什麼「耳朵認字」，便即是此類異能，對閔小艮來說，只是小道而已。

傳說閔一得有一個徒弟，姑名之為張某。他隨師修道多年，對別的功法不感興趣，卻只對修天眼勤練苦學，修了三年，已能夜間見物，隔壁觀景，於是便辭師下山。

這張某修成天眼卻不行好事，只用來觀看人家閨房的秘密，窺秘之後又缺口德，喜歡對人宣揚，不一年，於鄉里中便早已惡名昭著。

他看中了一個有夫之婦，算起來，是他的疏堂表嫂。她的丈夫離鄉做生意，張某便用天眼來窺探她的動態，有一次窺見她抹身，只見她下身有一粒硃砂痣，張某看到心神蕩漾，便心生一計。

他待那疏堂表兄回鄉，便一意結交，時時請表兄在村店飲三杯。有一天，大家都飲到有點酒意，張某便東拉西扯談到相法，又故作失言，說表兄一定發財，因為下身有硃砂痣的婦人必主旺夫。待那表兄追問時，他卻支吾其詞，趕緊付帳離開酒家了。從此之後，他便再也不跟那表兄見面。

這樣一來，自然從此多事，那表兄終於休妻，張某得其所哉，待過了些時便去託媒人要娶那表嫂了。

那表嫂自然心知肚明，曉得是張某破壞自己的夫妻姻緣，但卻不知他怎樣曉得自己的下身有硃砂痣，當下便慫恿爹娘答應這頭婚事，不一月，張某便大排筵席迎親了。

二人成親之後，自然無事不談，不久，表嫂便知道他修天眼，心雖恨他當年使用奸計，然而畢竟已成夫妻，而且是為了愛自己才用計，因此也就原諒他了。

成親一年，他們總覺得受鄉里非議，在鄉中便容不得身，二人一商量，便決定賣了田產，索性搬到城中去住。張某便掛起道士招牌，替人齋蘸關亡。

他既有點小神通，便時時利用天眼窺秘，然後說是亡靈吩咐怎樣怎樣，許多人便以為他的關亡術真的了得，一傳十，十傳百，不久，張某便聲名大振，生意滔滔。

他如果從此修心養性，那就真的過着神仙也似的日子。無奈他本性淫邪，一旦有了名利，便毛病發作，又倚仗天眼去漁色了。愈弄膽子愈大，終於弄到他的再醮妻子忍耐不住。她平時聽來，修天眼最忌污穢，她便趁張某睡熟，偷偷用經水點他的天眼，張某不知就裏，還一味漁色如故。

就在一天，他正齋醮之時，又用天眼去看人家的閨房私秘，其時正值風雨，忽地霹靂一聲，張某便給雷劈死。中雷之處，正在眉心。

這件事，後來給閔小艮知道，不禁非常痛心，所以當他著《泄天機》一書時，便諄諄告誡，修丹功的人必須將七情六慾拋開。然而這件天雷懲淫的公案，在清代便已喧傳道門。

「守一」忌污穢之理

修煉「守一」道法，怕污穢，大概各派皆如此，據王亭之所知，清微、神霄兩派煉雷法的人，亦忌污穢之物，當雷法未煉成時，連死屍都忌。最奇怪的是，凡飲食以及大小便，都不得面向北，否則便亦等於中了污穢，須畫符沐浴清理。

如果用現代科學來解釋，可以說，「守一」是自己身體內能量場的功能發揮，發揮至一定程度，就可以跟體外的能量場相應，於是，體內體外兩個能量場就發生交流。強的能量場向弱的能量場擴散，由是人體便吸收到宇宙的能量。這些能量，激發起人體的潛能，於是神通便起。修天眼、修五雷，都要以「守一」為基礎，理由即在於此。

為什麼要忌污穢呢？大概認為這些東西——屍氣、經水、北方吹來的風等等，都會令人體的能量場受到干擾。用受到干擾的能量場來吸收宇宙能量，便容易加強體內的能量場的畸變，由是便出現種種問題。例如生病、心理變態，以至如張某的故事，行法時中雷而死，都可以用「畸變能量場」來解釋。

國內異能人張寶勝，行為簡直似一個心理未成熟的孩童，這大概即可作為一個例子，說明異能可以影響人的生理與心理。而道家之所以忌種種污穢，目的其實無非是保持人體能量場的正常機理而已。

「第三眼」鬼話連篇

天眼之類，不一定要靠修習才得，有些人，一生下來便有天眼，或者跌一跤，一場病，從此便有天眼。

王亭之有一次去溫哥華，馮公夏先生來電，說他的侄子馮馮居士邀王亭之吃一頓齋。王亭之問：「他怎曉得我來溫哥華？」馮公支吾其詞，王亭之明白，一定是馮馮在用他的天眼了。

馮馮的天眼是生而具有。他自己寫過一些書，說過一些關於他的天眼故事，王亭之不打算在這裏敍述，反正這些故事在社會已經喧傳。近年馮馮精進學佛，他忽然宣佈，自己的天眼已經消失，請社會人士勿再騷擾，這一宣佈，證明他學佛已有心得，是故才能有這樣的舉動。若一味耽着於天眼的修煉，由是求名求利，那就不是學佛有成者的所為。

至於有一本書，名為《第三眼》，說是一個西藏喇嘛所著，裏頭敍述怎樣用人工來製造

「第三眼」，令人起天眼通。這本書的情節可以令西方人起哄，但東方修習過佛道兩家的人，都可以知道是鬼話連篇。

這本書是否真的是西藏喇嘛的著作，尚有疑問，即使是，也不足為據。西藏人流亡海外已四十餘年，教團的約束力已愈來愈少，因此有人夠膽寫這本立意哄動西方社會的書，一點也不出奇。若信以為真，為其所愚，那便是閣下自己的事了。

清末一個天眼通

許多以「靈」來號召的術士，包括一些所謂出家人，他們其實只是具有與生俱來的「天眼」，包裝得好，就弄到驚天動地。

這些人，近來多沉寂者矣，而且說的話也漸漸失靈，為什麼呢？無他，只是「天眼」消失而已。

王亭之不妨說一個清末的「天眼人」，此人生在浙江慈谿望族，姓李。有一年他忽生大病，病癒後便得到「天眼」。

起初他也不自知，只是坐在靜室中養病，恍恍惚惚之間，見到自己的家中起火，火勢愈燒愈旺，家人倉惶逃避，四鄰鳴鑼救火。

他將這情形告訴家人，叫他們暫時移居逃避，家人都不信他的話，然而十日之後，家中卻果然失火，一切情形與其先前所述無異。以此之故，人便漸以之為神。

這個李某，嘗言自己不得長壽，享年不足三十，因此不肯娶妻。

至庚子義和團事變前三年，他已看到了拳民起難，八國聯軍入京，慈禧與光緒走難，老百姓受災種種情形，忽地失聲痛哭，把看到的情形告訴家人，旋即便身亡了。年僅二十有八。

家人檢點他的遺物，在枕邊有一卷紙，封固妥當，囑家人三年後開視。及期將紙卷打開，則是慈禧的「罪己詔」，與朝廷發佈的詔文，一字不差，人咸以為神焉。

夷島異能人不快樂

像李某這樣的天眼異能人，王亭之在夷島時就碰過一個。此人為一日裔婦人，姑名之為南茜。她來見王亭之，那是因為她一生深受異能所困，所以希望王亭之教她修習密宗，控制她的異能。

王亭之問她，到底有什麼困擾呢？她說，她時時見到未來發生的不幸事件，這些事件，必然發生在她的親人身上，她日夜便為這些事件擔憂，可是又無法令事件不發生，這樣過日子，真的可以說一點都不快樂。

她結婚六次，第三任丈夫對她最好，有一天，她見到丈夫發生車禍，未抬到醫院就死亡，她自然日夕為此擔心，同時自動要求當丈夫的司機，接他上班下班，起初他的丈夫很聽她的話，兩年之後，丈夫要恢復自己駕車了，只答應她駕駛得小心點、慢一點，如是一年過去，什麼事情都沒有發生。誰曉得再過半年，她的丈夫果然給一架大貨車迎頭相撞，傷重死亡，恰恰如她當年所見。

她見到女兒給男朋友遺棄，見到兒子吸大麻，見到母親生癌……結果事情一一依她所見發生。她又見到丈夫有外遇，見到另一個丈夫破產，見到再另一個丈夫偷她的錢去賭博……結果亦一一如她所見，是故她才會有六次婚姻，其實她對現任丈夫亦不滿，因為見到他將來會不忠於她。

王亭之於是問南茜，她的異能到底是怎樣得來的？

南茜說，她十歲喪父，幾兄弟姊妹跟母親住在夷島的貧民區。有一天下雨，母親叫她上街買油，她拿着打滿油的油瓶回家，一進門，想俯身脫鞋，忽地一滑，把油瓶摔破，這時她很驚慌，不自覺便光着腳想去拾回油瓶，誰知給地下的油一滑，整個人便向樓梯跌去，恰恰頭顱碰正樓梯的扶手，一撞之下，當堂昏迷。

及至她醒來時，卻只見阿姨的家給水淹，阿姨在一隻舢舨上痛哭，她吃一驚，然後才看見自己是躺在床上。

她趕快起床，跑去找母親，一見母親便說：「不好了，阿姨的家給大水沖光了。」母親打她一巴掌，罵道：「你不用詛咒阿姨，別以為這樣我就不會打你！」於是她便捱了一頓痛打，打到再不敢說阿姨的事。

可是過了幾個月，夷島果然發生大水，她阿姨家真的給水沖到七零八落，這時，她母親才想起她當日的說話，於是仔細盤問一番，她又說出自己所見的幾宗未來景象，其中一宗是一個哥哥會患急病死亡，嚇到母親連忙掩着她的嘴。然而，不幸的事情果然一宗接一宗發生，她的母親一邊傷心，一邊便亦相信她真的跌一跤跌成天眼。

漸漸，便連街坊鄰里都知道南茜有天眼了。

不久，便有一個夷島的巫師想收南茜為徒了。在六十年代初期，巫師在夷島還很有地位，因為美國初將夷島列為一州，怕土人不服，所以便聯絡巫師，通過這些巫師來平復土人的情緒。南茜家窮，聽見有巫師肯收留她，自然忙不迭地答應。

夷島的巫師分兩大類，一類邪，專修「鯊魚功」來害人；一類正，只幫人看病、祈福、度亡、算命（後詳）。南茜的師父是正的那一類，所以她便學得這些法術。

她出來行道已經二十多年，很能賺錢，有五六間屋收租，出入前呼後擁，在夷島算是有地位的女巫了。可是，那些拚命想追隨她的人，卻沒有一個知道她內心的痛苦。

王亭之於是問：你見到我未來的景象怎麼樣？她說，見不到，因為有兩個「靈」在干擾她，所以她只見到一片空白的光。

王亭之問：你以為你會不會以後一直學佛、修密法？她說，也感覺不到，因為她忽地覺得整個人如坐在太空船上一樣，頭顛腳倒，什麼都感覺不出來。

不過王亭之卻感覺到，南茜不會有心機學佛，當下經她苦苦哀求，便姑且教她修「眉輪」的法。南茜千多萬謝而退。只是過了三個月，她卻來辭行了，問她為什麼？她說，天眼漸漸不靈，少了許多入息！

關於王亭之的預言

南茜中途不想學佛，卻還肯來告別，已經算她尊重王亭之，所以當時便也不質問她：為什麼初來時想修掉天眼，免除痛苦，如今開始見效了，卻又埋怨入息減少？問出口，便沒有意思，慣於靠異能來風光的人，實在很難逃過名利的關口。

過了一個月左右，南茜卻忽然來電，說見到王亭之的未來了：有一個女善信送一間靜室給王亭之，靜室地處市郊，滿園花草果樹，屋後有瀑布流水，王亭之就坐在瀑布前說法。

她這樣說，王亭之不禁失笑，因為王亭之從來不接受善信的財物，而且亦沒有什麼善信會接觸王亭之，王亭之如今連術數都不玩了，脾氣又不好，還有誰人會做冤大頭善信耶？

其實她感應到的，有一半倒是王亭之的理想。王亭之真想住在一個花草樹木繁茂，又有流水瀑布的地方，如是閉門不出，安度餘年。她大概是感應到王亭之的心意，便添油添醋，打這個電話來討好。所以，天眼通、他心通之類，無非只是感應而已。人因重病，或因跌撲之類，影響到腦部，不幸的是腦部受損，幸運的卻是開發了腦的潛能。

腦實在有感應的潛能，有時我們說「心血來潮」，其實便是腦部的潛能偶然發揮作用，而那些異能人，則是能經常發揮腦的潛能。閔小艮修眉心、起天眼，其原理亦即如是。

人人可起小神通

由術者的心力（凝神守一的力量），可以出現他心通、天眼通、天耳通等，可以用電台的發射與接受來解釋。

每個人的腦，其實都是一座發射塔，發射出我們的心意。所以你對一隻狗覺得厭惡之時，狗隻便會離你而去，或者對你狂吠；但你若懷着慈悲心去看顧一隻狗時，狗就會對你特別親熱。為什麼？因為狗能夠對你的腦電波發生感應，一如收音機能感應電台的發射。

人也有這種本能。當四目交投之時，我們很容易就感應到對方是善意，是惡意，抑或是無意。有時候甚至不必用眼睛，憑直覺，就可以知道自己所處的環境有無凶險。粵劇的《趙子龍催歸》，趙子龍一踏入甘露寺，憑他出生入死戰陣多年的直覺，立刻就感覺到殺機暗藏，他因此便走到兩廊巡視，發現了孫權在此埋伏了兵甲。

為什麼劉備同樣在甘露寺，他卻不能發現殺機呢？因為酒筵之上的聲色已經令他分心，而趙子龍卻因重任在心，是故便能專心致志。

這就可以解釋凝神守一的心力了。任何人能夠做到心神守一的境界，任何人便都可起小神通。術者由於經過練習，心神守一得深，所以接收他人腦電波的能力就強。這樣，稍加運用便立即可以變成奇術，驚世駭俗。

香港人熟知的一些術士，背景即是如此。

異能術士的炫耀手法

有一個術士，自稱密宗，憑他心靈感應的力量，先把台灣娛樂界的女人弄得神魂顛倒，然後在香港、在海外便成為大師了。他搬弄的玄虛，只有一個「氣」字，胡說一番氣氣氣，居然令到大學講師都信服得五體投地。其實，密宗與氣只是包裝，他的本領，只在於接受別人腦電波的能力強。這是天生出來的，不過用得太過，又酒色財氣，這種能力便會變弱，是故其人如今便已再無可以值得炫耀的故事，只能依仗餘輝來風光。

王亭之有一個哎吔徒弟去請教過他，這哎吔徒弟當時跟名模劉娟娟還未離婚，這江湖術士見到他夫婦，什麼都不指點，只說他們家有一後門，關閉太久不通「氣」，快點回去把後門打開。

這麼一說，兩夫婦便給江湖術士鎮住了，自然奉之若神明。王亭之可以這樣解釋：他們夫婦中必有一人，在潛意識中曾對後門的環境介懷，譬如說，認為應該清理一下後門，將後門打開通通氣。只是這麼一想過之後，卻放下來了，那江湖術士當時的心力仍強，所以就能感應到，一說出來，就變成神仙與活佛。

他如果有本事，就應該能夠預言他們夫婦感情有變，同時提出警告：離異之後兩個都不會幸福。這樣重要的事不說，卻只說別人的後門，那就是術士炫耀的手法而已。

失明術士有異能

修心神守一得異能，跟因跌撲之類而得異能，道理都是一樣，都是人腦潛能（本能）得到發揮，由是可以接收到別人的腦電波。這就叫做他心通了。

如果潛能發揮到另外的境界，能夠見到未來事件的場景，那就是比較高度的異能，叫做天眼通。像前述夷島的女巫南茜，便具有他心通，同時得天眼通，比較起來，比那自稱密宗的江湖術士層次更高。

她利用自己的潛能來替人占卜，有時用撲克牌，有時只望着對方的眼，便能說出對方的心念，同時預言事件的前景，據說準確度很高，故土著奉之若神明。

香港有一位失明的術士，層次大概跟南茜不相伯仲，王亭之曾經見過他一次，是陪着當年的「永安小姐」陳鳳蓮去。在輪到陳鳳蓮之前，有一位電影界的女士在問卜，王亭之在旁聽他們的對答，便知道術者其實是在使用他心通與天眼通。可以舉一個例子——

那女士問：「這部片收唔收得？」

術者隔幾秒鐘後答道：「午夜場幾爆。」

這答案很不直接，王亭之懷疑，術者是利用他的天眼通，觀察到午夜場的場面，因此才會給出這不直接的答案。

有異能的人行術，可以為善，可以為惡。所以王亭之並不完全排斥異能。

管輅的異能占卜

漢魏之際，有一著名的術士，名叫管輅，在劉敬叔的《異苑》中，紀錄了幾則他的占卜故事，神乎其神，王亭之即懷疑他其實跟香港的失明術士一樣，是用天眼通來替人預測，實際上並不依賴占卜。

例如這樣的一則故事——

管輅有一個鄉里紀玄龍，家中頻頻失火，因請管輅占卜。卜罷，管輅對紀玄龍說：「明日你到南郊去等候，當見到一個戴角巾的書生，駕着一架黑牛拖的破車來。你當為此書生設酒席，並且留他住宿，倘如留得住，便可以永遠消除你家的火患。」

紀玄龍如教在南郊伺候，真的見到這麼一個書生，便設酒席款待，且強留其住宿，這書生甚不願意，但牛車卻被扣留，而且天色已晚，不得已便只好留下來。

待主人入房安歇，那書生卻愈想愈不對勁，怕主人謀財害命，於是便悄悄溜出門外，手提利刃防身，倚着門前的柴堆打瞌睡。

不久，忽見一個黑影直奔而來，口中含着一個火球，來到門前，將火球拋向柴堆。書生大驚，舉刀便劈，連劈數刀，細看之下，原來是隻狐狸。主人聞聲出視，問知究竟，向那書生道謝不迭，並告訴他管輅的占卜。

像這樣的占卜推斷，絕非《易》占之所能，說為天眼則合情合理。

還有一則管輅占卜的故事——

洛陽城中有一小民，妻子忽然失踪，因找管輅占卜，管輅教他道：「明日傍晚你去東陽門，見到有人搶豬入城，你便去撩他打架，如果豬走，他一定不跟你打，趕着去追豬，這時你也去追，那就可以找回你的妻子。」

那人依着管輅的吩咐，果然見到人擔豬入城，便不由分說，舉拳便打，擔豬人棄下豬擔還手，豬隻果然向城外跑，當下兩人不打架了，一起去追豬，追到豬舍，那些豬驚惶失措，撞跌了一個甕，甕破，那小民的妻子卻從破甕中爬出來。

如是占卜，真可謂神乎其技，不直接指出婦人躲在什麼地方，卻間接令婦人自行出甕，當中便無端牽入許多情節，其中只須任何一個情節有變化（例如豬不走出城，卻向城內走），占卜便不準確，倘如真的按《周易》來占，應該都不可能占出這麼多的細節，若視為天眼，則占卜無非只是包裝。管輅其為當時的異能人耶？

天生的異能人多不長壽，可能是因為先天體質雖可激發潛能，但這體質卻亦影響健康，是故管輅二十多歲便死，只留下一大串術數的故事讓後人驚詫。

如今略述兩件關於他占卜的故事，只想讀者思量，他是占卜抑或天眼。

庾嘉德的天眼

與管輅同時的異能人，還有一個庾嘉德，亦以善占卜得名，有人失一婢，庾嘉德占曰：「你立刻出東陵口，候到有一姓曹的人，乘車來到，姑勿論識與不識，你只須爬上車去，叫他同載，就可見到失婢。」

那人問道：「如果姓曹的人不肯載我呢？」

庾嘉德答道：「無論他肯不肯，都可以見到。」那人聞言，疑信參半。

及至東陵口，等候一會，果然見到一輛牛車來，車轅上插着一面認旗，旗上大書「曹」字。那人一見連忙截慢牛車，連招呼都不打就撲上車去，姓曹的人大驚，不禁呼喊，這喊聲恰如喝牛隻快跑，拖車的牛便飛奔向前，直至郊野，至一草叢，碰到一件物事，牛車才停下來，那人下車來看，原來正是那婢女的屍體。當下不禁驚其占卜之神。

像庾嘉德的占卜，亦應該用「天眼」來解釋，他分明是看到曹姓牛車的場景，然後才用占卜包裝說出來。

或曰：何必那麼費事呢，倒不如直接說出，那婢女已死，屍首在某處郊野草叢，豈不乾淨利落。殊不知，這樣一來就不夠神妙了。凡術士必須炫奇，然後才能嘩眾取寵。

只是這個庾嘉德的聲名，在後世卻不及管輅遠甚，原因在於管輅得到曹操的賞識，而庾嘉德則未能上廊廟。

曹操喜養方士

曹操此人一生多欲，戰陣之暇，醇酒婦人，因縱慾，故恐不得長年，由是便多養方士。管輅無非只其一耳。

當日曹操還延聘了一些異能人，如左慈，以房中術聞名；如郗儉，以教人服食延年見稱；如甘始，教人吐納呼吸，皆云可以令人長生。曹操當時把他們通通養起。

然而這三個方術之士，只左慈有點功夫，其餘二人，都曾闖禍。議郎李覃學郗儉辟穀，服茯苓飲符水，結果中寒泄痢，以致喪命；祭酒弘農董芬學甘始的吐納，弄到氣閉不通，亦幾乎一命嗚呼。

以此之故，曹操對這三個著名的方士信仰便疏。後來曹植為了掩飾曹操的愚昧，卻撰文說，曹操並不是信仰他們，只是怕他們到處遺患，是故便不如將他們養起來。這真是笑話，如果怕他們遺患，索性將他們趕離魏國就是，難不成曹操還怕他們害蜀吳兩國。

前已說過，左慈是當時的異能人，他的異能，絕非靠房中術獲得，只不過是既具異能，同時又修道家的房中術而已。

在曹操眼中，這些方士品格實在不高。然而管輅卻不同，他以《易》作為包裝，在當時，《易》是一門學術，在漢代且曾立官學，所以曹操便不以術士視管輅。但究其實際，方士之高者，實盡皆異能人。

沿海居民多迷信

三國時，曹操盤踞中原，中原一帶文化高，因此方術之士雖然能夠嘩眾（譬如那個甘始，連太監都向他請教房中術），但畢竟難以作為，因為想再進一步嘩眾時，就露餡了。

郗儉能辟穀，曹操命人監視他，果然見他百日不食，只飲點水，但中原人士雖然覺得奇怪，卻未事事都對他聽從。他向曹植下說辭，說能夠到海外三山找得不死藥，曹植就沒聽他，因為秦漢兩代的方士，往海外求仙、求長生不死的實在太多了，事實證明沒一個靠得住。這就是中原的文化智慧。

可是異能人一來到吳國，情形便不一樣了。吳主孫策在樓頭跟諸將開軍事會議，左慈行過樓下，樓下的軍士群相羅拜，聲音驚動到樓上，居然連開會的將領，都有四分三人不理孫策，逕自下樓去拜左慈。張策怒了，把左慈扣留，要殺他。

替左慈求情的人很多，連吳國太也向張策說，左慈是神仙，殺之恐不利吳國。孫策回覆母親，說左慈太招搖，也太得人心，不殺他對國家不利。吳國太才讓孫策殺掉左慈。

沿海沿江，因為水氣瀰漫，水光交映每多幻象，故居民多迷信。舉個例子，凡臨水而居的廣東福建人多信天后。是故當時吳國的人，信仰異能人便比中原的人多，而且信得愚昧。左慈致死之道便亦即在此。

武攸緒韜光養晦

異能人倘如能夠韜光養晦，不作招搖，善自修道，則往往境界甚高，非常人所及。

武則天有一個侄兒，名武攸緒，他十四歲即得異能，可知前事。那時，武氏已經當國，他若想招搖，以其貴族地位，真的可以說反掌間即起風雷。

然而武攸緒卻離家別住，在長安市上賣卜維生，而且流動設攤，每處不過五六日。可是他的占卜，畢竟哄動了長安。

武攸緒這時便立刻徙居泰山，修神仙道。王公大臣過泰山，知道他的底細，每上山參拜，又送貴重禮品，這些禮品放到上面生滿藤蘿，他都不去取用。

如是修道多年，但見其目有紫光，且得天耳通，能辨數里外的聲音。這時，人皆視之為神仙矣。武則天屢詔其返長安，他都不理。

及後安樂公主外嫁和親，武則天下詔書，令他回長安與妹妹作別，他才肯返長安小住。武則天封之為國公。旋即又還山修道，對貴戚親串不多言語。

及至武則天倒台，唐帝遍誅武氏，不過對武攸緒卻放一馬，任其在泰山修道，後來喧傳其人已屍解成仙。

若將左慈之流跟武攸緒相比，顯然武攸緒就比左慈高得多。懷異能的人可以用世，但卻實在不必造成社會現象。

異能的局限

七八年前，國內的異能人紛紛來香港招搖，王亭之時居夷島，屢屢為文，指出異能的局限性，勸香港人不可視之為神仙，同時也勸異能人韜光養晦，結果招來怨恨與唾罵。

其實王亭之正是愛護這些異能人，才苦口婆心相勸。你以為王亭之不懂得煽風點火，助長其聲勢，從中自己討點風光耶。只是這樣做時，對人對己對社會都不利。

夷島有一家珠寶店，其少東於跳水時頭部碰到石礁，傷及神經變成癱瘓。當那聲名顯赫的異能人去夷島招搖時，竟說能治。其手下人於是索取高價，先收一半，治癒後再收一半。異能大師去醫過三次，說已經醫好了，過兩天孩子就可以起床。

結果呢？無論怎樣死扶爛抬，孩子依然起不了床。那異能人卻離開夷島了，而孩子則至今還躺在床上。所以隔兩年，大師再去夷島，便只得一百人不到去捧他的場。夷島地方小，什麼事都容易傳開來。他們還以為像在香港那樣，可以一再起哄。

由這件事，便知道異能的局限。道家原有以氣為人治病這回事，但一直未曾得到很大成功，而且亦未有一套完整的理論，結果毛病百出，終於為正統道流所不齒。卻不圖時至今日，又死灰復燃。王亭之可以預言，再過十年，這個社會現象就會化為烏有。

王亭之在前面已經說過，凡修「祝由科」的人，必須凝神守一，然後才能發揮功力。為什麼呢？蓋凡異能必與守一澄心有關，即使修出小神通的人，亦必須繼續煉心，專心致志，然後才能保持「異能」的狀態。

至於生出來就有異能的人，倘如不能修心，作太多酬應，又喜歡炫耀表演，他的異能便會日漸喪失，至少也會退化。

實際上，出來行走江湖的「異能人」，心理壓力很大。壓力一大，異能亦會受到影響。

夷島的南茜，曾經對着一群人，用「眼力」來彎曲一柄不銹鋼匙羹。那是一個晚飯的場合，他們吃西餐，餐未上來，大家傾談着，南茜卻忽然不語，大家望着她，循着她的視線，便發覺她面前的一柄湯羹，慢慢地自動彎曲了，有人不禁驚呼，南茜即一笑收眼。

可是，後來她隨王亭之學佛，王亭之拿一柄鋼匙羹出來，叫她表演，她卻試到滿頭大汗，匙羹卻紋風不動了。

事後她悄悄跟人說：老師那裏有護法神，所以她的表演不靈。王亭之聞言，知道她其實是說鬼話，什麼護法神，她只是心理壓力重，一重就無法發揮異能而已。

所以弄到那些異能人重重心理壓力，也是施術不靈的一個原因。王亭之戒異能人不可招搖，便亦是出於愛護，怕他們壓力太重。

異能人聚眾作亂

異能之不宜招搖，除了一招搖便有心理壓力之外，還有一些因素——心理壓力大會影響異能，異能退化，便會出術行騙，這是循環，任何行走江湖的異能人，都很難走出這個循環的圈子。

古代許多異能人，成為聚眾作亂的首領，你以為他一開頭就想作亂？非也，只是因為招搖行騙便不得不聚眾，結果身不由己，才成為作亂的首領而已。

有些作亂，則是於聚眾之後勾結權貴，權貴利用他們的黨徒，他們則利用權貴的勢利，在平時，這無非只是彼此風光，及至非常時期，便會弄到天下大亂。最著名的事例，即是晉代趙王倫之亂。

趙王倫作亂，是跟當時的天師道孫恩勾結。孫恩的叔父名孫泰，是個漁家，他行道之初，便作過一場異能表演（一說表演者是孫泰的師父）——他向鄰家借一柄魚刀，久借不還，及至鄰家出海，向他索還魚刀，他卻對鄰人說：「到了海上，刀自還你。」

及至鄰人出海，忽一日，一條大白魚跳上船頭，將魚剖開，在魚腹內便見到那柄魚刀。

這件事轟傳下來，漁戶都成為孫泰的弟子。是故孫泰孫恩兩代，都擅長用水軍作戰，敗後亦逃到海上。

異能招搖，事故多端，真不可不戒。

趙王倫之亂，導致後來南北朝的局面，為中國分裂的開始。這次事件，雖然背景錯綜複雜，但至少藉異能生事則是史實。

我們若再屈指數來，自漢代的黃巾，以至清末的義和團，異能人所作的亂事，恐怕大大小小總有一百宗以上。中國傳統重男輕女，可是由於異能之故，女人亦居然可以號令幾十萬兵眾，如明代的唐賽兒。這些歷史，讀起來令人汗流浹背。中國人有一句諺語：「國之將亡，必出妖孽」，指的就是由異能人引起的社會現象。若太平盛世，這些社會現象則必不起。

當日國內有異能人初來香港，有人拚命渲染其能醫萬病，港人頗為起哄。王亭之認為這不是正常現象。

其實如果翻閱史書，這類社會現象由漢末已經出現，朝朝代代都有過，無非只是群眾的好奇心理，若有人因其好奇而加以誤導，就哄動一時而已。

香港人畢竟有福，對異能起哄一時，旋即不再理會了，那些人只好去海外招搖，但亦不見得怎樣熱烈，所以王亭之覺得，如今畢竟還是太平時代，是故才不致藉端生事，變成亂局也。

由此可知，若真愛護異能人，實不宜鼓勵他們招搖聚眾以致行騙生事。

清末褚老人鬥排幫故事

異能人即使不聚眾，只須招搖，亦非好事。在清代末年，即曾發生一件異能人「鬥法」的故事，許多撰筆記小說的人都將之寫入集內，平江不肖生且將這故事寫入《江湖奇俠傳》。因此情節或有渲染，但故事卻必真實——

宜昌有一位褚老人，精「辰州符」術，平常為人畫符治病，也表演點「異能」，當地人對之頗為哄動。

那時宜昌江口為運輸木排必經之地。原來當時運送木材不易，木商就將杉木紮成一排排，順流放下，排上例有一兩名「排幫」在照料，這些排幫人物亦必懂畫符唸咒，據說他們能駕御風雷，保證木排不會沉沒。

那個褚老人常對人說，只須他一施法，木排就會堵塞不動。許多人聽他說說也就罷了，有一次，一群年輕人聽他說了，竟然軟硬兼施，將褚老人拖到江邊，要他作法。

褚老人一時興起，便將三枝黑木筷子插在岸邊的沙灘上，喃喃唸咒作法，果然，順流而下的木排便停留不動。只見木排上的排幫術士，連忙燒符作法，忙亂不堪，那木排不動就是不動。那群年輕人很開心，便擁着褚老人去江邊的酒家喝酒去了。他們坐在樓頭，欣賞排幫術士的窘態，不禁得意忘形。

就在這時，卻見那排幫術士從寮蓬提一隻雞出來，眾人知道有好戲看了。

只見排幫術士唸唸有詞一番，然後含一口酒，對着雞頭就噴，正奇怪他想幹什麼，座中的褚老人卻忽地叫一聲：「不好！」原來就當術士噴酒那一剎那，褚老人竟然立刻雙目失明。

眾人當下惶急，褚老人卻端坐不動，只叫人快點拿一撮白米來。在酒樓拿白米還不易，頃刻白米就送到褚老人手上。只見他一隻手拿着米，一隻手在空中畫符，口中又唸着咒，忽地喝聲「敕」，將米向空中一拋，隨即便呵呵大笑，雙眼已恢復光明。

那時眾人議論紛紛，都說排幫術士太毒，慫恿褚老人報仇。褚老人如果是省油燈，應該便罷手了，因為其咎到底在己。可是那褚老人招搖已慣，竟然叫人拿一束新筷子來，一邊畫符唸咒，一邊將筷子排成一排排，恰恰就像木排的樣子。

然後，他又一邊唸咒，一邊將筷子一根根地撥散。說也奇怪，他撥一根筷子，木排就漂散一條木杉，及至他將十幾排筷子撥完，木排也就散了十幾個，只餘下搭着寮蓬的木排不散。只見在那木排上的術士，急得團團轉轉。酒樓上的輕薄少年見狀，不禁高聲大笑。

當下，只見那術士作法，散去的杉木便一條條積集在沙灘邊，堆成一大堆，眾人於是簇擁着褚老人便去，也不理人家的狼狽了。

那排幫術士被人整蠱，當然心心不忿，當下上岸打聽，到底是誰人幹的好事。褚老人一群人如此招搖，自然很容易就打聽出來，而且還打聽到褚老人的住所地址。

當時那術士如果肯低聲下氣，其實只須找到褚老人打個招呼，將木排重新結紮，再放流而下，也就沒事了，無奈他卻心懷怨毒，找到褚老人家，一聲不響卻又作法了，那時褚老人不在家，只見他將一大撮沙朝着屋門拋，拋完轉身便走，當時也不知他玩什麼把戲。

及至日落，褚老人一家大小，卻個個都身發紅痧，又痛又癢。褚老人回家得知，連忙施術解救，可是卻只有體質好的人獲救，家中一夜間損失了三幾個弱小。

褚老人當下悲怒交集，立即奔赴江邊，找到那排幫術士，一言不發，舉掌即擊其背，那人也還手點了褚老人胸膛一下。

褚老人回家，過幾天便死了，忤作檢驗他的屍體，只見心臟部位如有一針直插，眾人明白，一定是那排幫術士施術。

第二年，又有木排經過江口，木排已換了另一名術士，那術士卻對人說，先前那術士已死在家鄉。他回家，叫妻子放他在大缸裏蒸，上頭壓着巨石，說必須連蒸五天。到第四天，妻子忍不住揭開石頭來看，則見術士之背已出四釘，只餘一釘僅僅出頭，那術士旋即氣絕。

褚老人鬥排幫的故事，應該有渲染的成分，但卻提供了一個很好的教訓，那就是異能不宜炫耀與招搖。鼓勵人招搖，實際上等於是害人。像宜昌那群輕薄少年，褚老人及其家人之死，便即是由他們一手造成。褚老人自己也欠修養，不然的話，他就不會以阻人的木排為樂。

「帶功書法」是畫符

當年國內的異能人來港招搖，王亭之苦口婆心勸其不可太甚，據說便有人慫恿他整蠱王亭之。那異能人跟王亭之一個哎吔徒弟頗有過從，既聞訊，便急急打電話到夷島，叫王亭之小心，王亭之一笑置之，結果什麼事都沒有發生。只因氣管受寒，咳了三個星期。

那邊，聞王亭之病了，據說有人頗為開心，那哎吔徒弟又來電打聽病況，問是不是給人整蠱，王亭之要不要報仇？王亭之聞言失笑，只換了一個不透風的房間來住，三天就好了。假如聽人慫恿，大驚小怪，就徒然多生事端。

後來據說有一個異能人去到那哎吔徒弟家中，見到王亭之寫的一幅字，看了半天，認為那幅字「帶功」，而且功力不錯。那哎吔徒弟便打電話來說，「冤仇」已經化解，他們跟王亭之惺惺相惜，是故可以放心云云。那真是見他的大頭鬼。王亭之跟那些異能人有什麼冤仇，還說是「有道之士」，批評幾句就可以結怨，怎能說是四出行道，慈悲為懷耶！

說王亭之的字「帶功」，其實十分胡說八道。王亭之自己知自己的事，從來寫字畫畫，只是如實地寫，絕不做張做致。國內有人則不同，居然可以舉辦「帶功書法」展覽。

王亭之看這些「帶功」的字，無非寫得撐手撐腳，個個字像打架，蓋書者有意強調筆力，而實不知道什麼才是筆力也。

真正「帶功」的字，其實應該是符籙。畫符的人，瞧起來好像亂畫一遍，實際上畫符時是進入另一種精神狀態。

要怎樣才能辦得到這點呢？那就要講究平時的修煉了。能凝神守一，畫符時就發揮得出一種精神。此精神可以說為「氣」，但卻絕非呼吸之氣。

神霄派的祖師白玉蟾，就曾經透露過畫符的秘密，他說：「六丁六甲」之類神將，要靠畫符的人「存想」，能「存想」然後符才有效應。那麼，什麼是「存想」呢？其實即是冥想，憑空冥想出「金甲神人」之類出來，卻可以叫這幻象起作用，那並不是不可能的事，一切原始巫術都有這種功能。用漢代董仲舒的說法，這便即是「天人感應」，又或者如漢代道家所言，叫做「人神交接」。

陳寅恪先生曾經研究過，晉代的書法，受天師道的影響甚深。

「人神交接」的書法

晉代許多世家，都代代相信天師道。

例如王家的王羲之，就是世家子弟信道的代表人物。他的兒子名王獻之，瞧起來，父子皆以「之」字為名，好像兩兄弟的排行，沒有什麼道理，其實那正是他們「入道」的標誌。

那時的人都講究書法，原因即在於認為「人神」可以交通。怎樣交通呢？就像扶乩一樣，人人拿着筆，進入異常的精神狀態，寫出來的東西便是「人神交接」的產物。

王羲之寫《蘭亭序》，乃寫於微醉之時，酒醒之後再看，認為自己再也寫不出這麼好的字。由是《蘭亭序》便成為書法的重要文獻。

這種情形，相信許多藝術家都有過類似的經驗，有些人還故意乞靈於酒，企圖達到王羲之寫《蘭亭序》的狀態。

可是，這卻只是藝術家精神解放、心無縛束的創作而已，並不能說為「帶功」，或真正的「神人交接」。

因此我們只可以說，由於符籙流行，才影響到晉代的書法，書家多追求精神的解放狀態，由是書法便進入了一個新的境界。卻不能說晉人的書法「帶功」。

再說，晉人的書法，多蘊藉之美，用筆含蓄，而目前那些自稱書法「帶功」的人，一下筆便呈劍拔弩張之勢，橫掃一筆便稱為「力」，是真不可同日而語也。

為什麼說畫符才真正是「人神交接」的書法，或「帶功」的書法呢？

據清微派的人對王亭之透露，他們一邊畫符，實在一邊冥想自己在跟神將溝通。也即是說，他們先結印唸咒，冥想自己要指揮的神將就站在自己面前，然後他們畫符了，一邊畫，就冥想着自己給神將下命令。命令不用文字寫出，卻憑心念傳達，那符籙上的筆劃，則無非只是傳達思想的工具。

王亭之相信這位修道之士沒有說謊，因為這依然是心力的運用，亦即人體潛能的發揮，並不涉及神怪。

中國文化深厚，所以便有許多神將，如雷部三十六將之類，都由歷史上的名將來充數。在落後民族中，他們的巫術便沒有那麼多名堂，像夷島的巫師，便只有一位火山女神和一位鯊魚神，因他們的生活文化，只跟火山與鯊魚有直接關係。

然而文化中多神少神，卻實際上並不影響功法，當術者發揮心力時，只須冥想一個形象也就夠了。所以神霄派說能遣雷部三十六將以及六丁六甲，清微派說能遣雷部以及龍神，實際上跟夷島巫師只能遣一火山女神及一鯊魚神，在功法上一點分別都沒有。所謂「神人交接」，其實只是施術者的異常精神狀態。

夷島巫師的鯊魚功

在唐代，交州地方的巫師只祀奉一位雞神，給人治病，便只拿一隻雞或一隻雞蛋出來。據說，當巫師施術時，那隻雞會圍着病人團團轉，施術完畢，雞已困乏，伏在地下，而病者則已霍然。因此這門巫術便被稱為「雞祝」。

這門巫術，也無非只是巫師的精神作用。跟夷島巫師的鯊魚功，原理完全一致。

在夷島，鯊魚神是邪神，修鯊魚功的人，坐在海邊的木屋，面對海洋練功，練時在面前插一根竹枝，雙眼就望着竹枝，如是可以坐大半日。這根竹枝一直插着，練功的人即使偶然走開，竹枝也不拿走，但卻亦無人敢將竹枝拔起，因為夷島的人都知道顧忌。

王亭之居夷島時，鄰近小島便傳出一件故事，說有一個年青的夷人不信邪，當着巫師的面，將他的竹枝拔起，而且斷為兩段。那巫師搖搖頭說：「可惜呀，你七日之後便要死亡。」

說罷，起身便去。

那年青人回家，當夜就得病，害怕起來，便將情形告訴父母，父母連忙請島上的巫師解救，那巫師問清那練功巫師的面貌，就不肯出手。病人去看醫生，醫生卻診斷不出是什麼病，只給他吃鎮定劑。

第三天，病人的父母把他送來火奴魯魯，找巫師首領救治，王亭之便因此知道這件事。夷島的巫師首領是一名女士，年紀已在六十以上，長着一頭銀髮，雙目熠熠有光，她跟王亭之曾有一面之緣。此事容後當述。

且說，那中了鯊魚功詛咒的年青人，送到巫師首領面前，問知他曾將人修功用的的竹枝折斷，便也說無法可想，因為他等於已中了鯊魚神的詛咒。只教他速速離開夷島，走得愈遠愈好，而且不妨馬上就走。

後來據說那年青人飛去澳洲，但到期滿七日，卻因交通意外而死。

這件事到底如何解釋，真的有點考起。王亭之只覺得這仍然是一宗「心力殺人」的事件。說「心力」可以殺人，聽起來好像很奇怪，但密宗的「誅法」，所修的便無非只是心力。

王亭之自己沒有修這種法，因為覺得無謂。但有一位師長卻精通「誅法」，是故對此亦稍知底蘊。

用「心力」來傷害對方，必須自己要有很高的定力，能迅速將心念集中，然後借一位護法神做寄託，命令他做這做那，一如道家之命令雷部諸將、夷島巫師之命令鯊魚神。但這神祇卻其實依然是自己的心念，只不過借一個形象來令心力集中。

給心力影響的人，精神會受到影響。恰如一組弱電波會受強磁場的干擾。至於干擾的範圍能達到多遠，那就要看功力了。

唐代的費雞師

關於唐代交趾的「雞祝」，在《酉陽雜俎》中便記有類似的故事，不過故事的背景卻在四川。段成式記道——

四川有一個費雞師，目赤無黑睛。段成式見他的時候，他已七十餘歲。

費雞師為人解災，必用一雞，又取江石如雞卵者，令病人手握。費雞師於是便踏步作法，用氣噓叱，雞即旋轉不已而死，病人手上握着的石頭，亦應聲四破。

這種治病方法，大概跟後來的「祝由科」很有淵源。「雞祝」的「祝」，其字義即等於「祝由科」的「祝」，都是唸咒祈禱之意。凡施「祝」必存想一神，所以「祝由科」便亦修存想，以存想祝禱來去病根（由），是故便稱之為「祝由」。

段成式又記道，他有一個舊僕，名叫永安，不相信費雞師的法術。有一次，費雞師對他說，你將有大災難，因把一道符搓成一丸，逼他吞服。服後，命其脫去左足的鞋襪，說也奇怪，那道符竟然便在他的足心出現。

他又對段成式一個名叫滄海的奴僕說：你將會生病，於是叫他脫去上衣，背脊挨着門板，費雞師卻站在門外畫符，一邊畫，一邊喊道：「過、過！」墨符果然就透入滄海的背脊。

這類異術，便跟「祝由科」正相似，因為「祝由」便全靠借物施術。

巧遇夷島女巫首領

其實世界上每個民族都有原始巫術，這些巫術並沒有消失，它們或作轉化，或被吸收，有些甚至原形保持，直至今時今日仍然活躍。

王亭之居住在夷島那段日子，喜歡到海邊一家酒店喝下午茶。那家酒店的英式下午茶八塊番餅一份，只須再叫一杯茶，就可以夠兩個人點心，加起來的消費，兩個人只十二塊番餅就連小帳都付了，一百塊錢港幣不到，就可以享受海風與花光，消磨一個下午，真可謂價廉物美，是故王亭之便成為酒店咖啡座的常客。

就在這咖啡座上，有一次，王亭之便認識了夷島的巫師首領。並由此知道，夷島巫術至今還原形保持，不受美國文化輸入的影響。

那天照樣喝下午茶，一個建築師作王亭之的司機兼茶伴。正喝間，忽見一大群女人，人人都穿着件夷島女人的禮服「姆姆」，前呼後擁地擁着一個銀髮女人。

那銀髮女人穿着一件藍色鑲銀邊的「姆姆」，胸前吊着一個夷島巫師學會的金章，滿身珠光寶氣，年紀六十餘歲，圓圓口面，一團和氣的樣子。那身前身後的十多個女人在吱吱喳喳，她卻一直微笑着，眼光忽地掃過王亭之這邊，跟王亭之對望了一眼，王亭之跟她點點頭，她也笑着跟王亭之點點頭。

她身邊的女人見到，不禁也瞧王亭之這邊望，其中有人，認識王亭之的茶伴建築師。

那群女人擁着那銀髮女人，擾攘一番，終於坐下，過幾分鐘，認識那建築師的女人卻走過來打招呼，閑談幾句，便對那建築師說：「嫲姆想請你的朋友過去坐一坐。」

那建築師聞言，忽地笑容盡斂，望着王亭之。王亭之便對那女人說：「等一會，我就過去。」那女人很禮貌地點點頭，逕自歸座。

那建築師問王亭之：「你曉不曉得她們的嫲姆是誰？」王亭之搖搖頭。

「這一群人都是女巫，嫲姆就是她們的領袖。夷島的人都怕惹她們。」那建築師皺起眉頭說：「請你過去，不知是什麼意思。亭老最好不要飲她們斟的茶，也不要吃餅。」

王亭之聞言，笑一笑，把煙在煙缸上弄熄，便離座去了。

一見王亭之，銀髮女人便站起身來。她一站，全桌十幾個女人便都紛紛起立。那銀髮女人伸出手來，王亭之握一握，覺得很厚很軟，於是隨口喊她一聲「嫲姆」，滿桌女人聽見都笑了。那銀髮女人讓座，原來在她對面，早已替王亭之留下一個空位。

那銀髮女人對王亭之說：「你可以喊我的名字。」接着將她的名字告訴了王亭之，就假設它是伊莉莎白吧。因為王亭之身旁的女巫，很嚴肅地對王亭之說：「嫲姆的名字不是隨便給人家喊的，你的面子很大。」

當下紛紛坐下，王亭之便對那銀髮伊莉莎白請教：「幸會幸會，不知有何事賜教？」

伊莉莎白卻問道：「你已經知道我是巫師了？」王亭之點點頭答道：「而且是她們的領袖。」伊莉莎白也點點頭。

她燃起一根香煙，王亭之見到，如釋重負，立時也掏出煙來。於是座上的氣氛便立時融和起來。旁邊的女巫跟王亭之斟茶，又問要檸檬還是要奶，王亭之想起那建築師的話，不禁回過頭去望望他，只見他扳起面孔，正瞧着這邊望。

伊莉莎白舉起她的茶杯，讓一讓，便開門見山問王亭之道：「你是佛教徒？」

王亭之點點頭說：「是，學西藏佛教。」

她問：「就是唸咒那一派。」

王亭之卻問道：「你怎麼知道我是佛教徒呢？」她笑一笑，喝一口茶。

旁邊卻有女巫代答：「嫲姆一進來，就曉得你是佛教徒了。」

另一個女巫說道：「嫲姆說你有紫藍色的光。」說着，她旁邊的女巫卻用手肘撞她一撞，然後幾個人就望着王亭之笑了。

王亭之這時卻想起齊桓。有一次，齊桓趁高興去給紅教法王敦珠甯波車灌頂，灌頂後第二日，他便去馬來西亞了，一回來，他便對王亭之說：「好厲害，好厲害！」

王亭之問齊桓老大，到底發生了什麼事。齊桓說：「在馬來西亞見到泰國僧皇，僧皇說，你灌過四次密宗頂。我說，只灌過一次。僧皇便說，那一定是敦珠法王替你灌的了，他灌一次頂，等於四次。」

王亭之問：「他怎知你灌過頂？」

齊桓道：「我也這樣問過僧皇，僧皇說，你的頭上有光。」

當時王亭之只好半信半疑。如今給那女巫一說，聯想起齊桓的故事，不由不信。

銀髮伊莉莎白便對王亭之說，她很歡迎王亭之來夷島，因為他們自古就有一個傳說，說有東方的咒術會傳來夷島，這些咒術可以保祐夷島度過一場大災難。王亭之當下連忙說不敢，這樣大的事，自己固然不敢承當，而且也沒有終生住在夷島的打算，更加上不想在夷島公開傳密法，是則焉能說預言就應在自己身上。因此便對她說：「預言中的人，一定不是我，如今許多學密宗的人來此活動，說不定便是他們其中一個。」

因此，後來王亭之便曾想到，不如請敦珠甯波車的兒子仙藩甯波車來一次夷島，他是「大圓滿」法系《敦珠新寶藏》的繼承人，來一次也許對夷島有益。只是剛想進行，便起了一些風波，王亭之因此也就作罷。真是凡事隨緣，不必勉強，這有關乎眾生的共業。

夷島巫術的修法

且說，當時那伊莉莎白便對王亭之表示，她對密宗的咒很有興趣，問王亭之肯不肯教她，她可以用夷島的巫術來作交換。

王亭之知道，夷島的人都曉得觀音，而且亦用廣府話發音稱之為「觀音」，不像有些洋人，用梵文來稱呼，稱為之「阿伐洛諦士達嗶也」那麼囉唆。當時問她討一封利是，就傳她觀音的「六字大明咒」，唵摩尼啤咩吽。

後來回家把傳咒的利是打開來看，是五元，單數，王亭之便知道以後大概再沒有機緣跟她見面了。其實當時王亭之已經明說：「你給兩塊錢我。」誰知旁邊一個女巫客氣，再封夠五元，這樣一來，兆頭便反而不好。

因此自從那次在咖啡座上見面之後，彼此就陰差陽錯聯絡不上。不過，王亭之對學習夷島的巫術也實在沒有興趣，只看過兩三本介紹夷島巫術的書，後來又向南茜問過一些問題，因此對這門巫術便有粗略的了解。

正統的夷島巫術，修煉時以靜坐為主，觀想自己吸入日月的光華。每到月圓之夜，便要由月出起修法，一直修到第一線曙光出現為止，修時無論男女都要赤身露體、一絲不掛，同時還要畫一個圈圍着自己，面前則畫一個由方形、三角形、圓形組成的壇城，在壇城正中，則放一大碗水。

到月光正照到水碗中間時，便是修法最緊張的時刻，巫師對着水碗膜拜，一邊唸唸有詞，然後又雙手高舉，仰首向天呼喊，最後則是靜坐，冥想吸入月光的精華。

王亭之曾經問過南茜，她們的咒語是怎麼樣，南茜唸過出來，長篇大論，咒音完全用夏威夷土語，連南茜也不完全識解，因為這些土語是古代的語言。

然而這些咒音卻給王亭之一個印象，節拍相當短促，但卻很有節奏，每隔八拍一定有一個重音，重音以「A」音為主（唸做長鴉音），所以便很有韻律。

於冥想之後，她們便用一種土生植物的葉子，包着海鹽來燒。一定要用夷島本土出產的海鹽，粒子很粗。至於那種植物則叫做「鬧鬧」，土人用它包着豬肉來蒸，成為當地著名的土著食品。

燒完鹽後，便坐着等曙光出現。曙光一現，立刻將面前那碗水倒掉，還得趕快用手抹去面前畫出來的壇城。據說，假如讓日光照到這壇城，便會帶來不祥。

夷島很少下雨，縱然下雨，十分鐘左右便過，因此她們才可以露天修法。十二月是雨季，這個月她們便停止露天修法，改為晚上閉關靜修，白天則照舊出來活動，如是一個月。

以上便是夷島巫師修法的大概情形。

夷島巫師祝地

一個夷島巫師，最常做的法事是替人「祝地」。時至今日，凡土人建造新屋，一定請巫師來為新屋的土地祝福。

巫師所用的祝福工具很簡單，依然是海鹽、鬧鬧葉與海水。

巫師帶一個助手，站在土地面前，唸唸有詞，助手則搖着一個小鼓來應和。巫師沒有動作，也沒有手印，反而那助手則有動作，右手搖鼓，左手則做着巫師咒語的「手語」。

例如巫師恐嚇魔鬼，你不離開此地，我就會叫月光來照死你。那助手便向前一指，又指指天，然後握着拳，大力一放，那便是「你」、「月光」、「死」的表義。

唸完一輪咒，便沿着土地的邊界，用鬧鬧葉來灑水，那是向魔鬼表示自己作法的範圍，同時有祝福之意；然後則是沿着土地灑鹽，據說海鹽包圍的土地，魔鬼便即不能安居。

最後，是替土地主人以及建築工人祝福，他們排着隊，輪流上來讓巫師灑水，這樣於施工時才會平安大吉。

請土人蓋房子，不做過這個儀式，他們有些人真的不肯開工。據說，若未經祝福則必有死傷云云。他們還可以舉出許多事例來證明，因此便連有些白種的建築工人，都對這些儀式也相信起來，巫師也就生意滔滔了。

王亭之親眼見過一個事例——

一個參加建築工程的白人，從二樓的窗口跌下來，倒地之後還可以自己爬起身，可是一起身隨即又再仆倒，待救護車來時，這個年輕人卻已死了。

按道理，跌下來的高度只是八英呎左右，跌時他還用手攀着踏板，雙足下垂。他的身高近六呎，即是說，實際上傾跌高度頂多是二呎至三呎，這樣的高度居然可以跌死人，說出來都不信。照土人的解釋便是，當巫師祝地之時，偏偏他一個人不肯接受巫師灑水，所以就惹上殺身之禍，給惡鬼奪命去了。

不過依王亭之估計，這卻很可能只是心理影響。成群工人日日開工，人人都警告那白人小心，在工餘閑談大概又談起很多工地的巫術故事，這個白人心理不受影響才怪。所以他才會終於出事，而且一出事就死，因為在一跌之時，他的心臟其實就已經受到很大的心理衝擊。是故等於自己嚇自己，並不死於跌傷。

利用心理衝擊往往是巫師的手段。從前中國的巫師，說什麼紙人紙馬，所應用的便是心理。

徐花農紙人案

在清代，廣州就出過一次巫術案，受威脅的人是廣東提學使徐花農。王亭之先父紹如公是徐花農的門生，是故對這案件知之甚詳。王亭之小時候學道家，先父便曾經將這案情始末，對王亭之說故事。

徐花農做提學使時，紛傳其取士不公。他的工作，主要是負責考舉人，三年一考，那是秀才輩的唯一出路，倘如屢考不中，終身做個秀才，便叫老死牖下。

相傳徐花農取士，專門取錄大戶人家的年青子弟。為什麼呢？因為他們的前途比較好。假設他們中舉人時二十歲，第二年上京會試，倘如中了，那才二十一歲，便有機會做四十多五十年的官。

反之，一個老秀才，如果已經五十多歲，僥倖連捷，舉人進士翰林一路中上去，做官的日子便只剩下十年不到，而且已經昏庸老朽，日暮西山。

所以站在為國家取士的立場，徐花農留意提拔年青人實未嘗不對，可是，那些老秀才便鼓噪了，起初是造徐花農的謠，說他喜歡年青子弟，是因為「搞基」。後來想上控徐花農，卻沒有狀師肯寫狀，因為事關重大而證據不足，因此便只能到處散發白頭帖子來解恨，即是到處貼匿名告白，有如今日的大耳窿追債。

終於，便有人出巫術來整蠱徐花農了。

徐花農坐在書房，忽然窗縫中跳出一個紙人，接着在門縫又跳出一個紙人。紙人拿着紙刀，一歪一斜地通屋走，徐花農自然給嚇到半死，連忙喊手下人來，拿起竹竿、馬鞭將紙人打跌。及至拾起來看時，更加嚇死。

那些紙人，背後編着號碼，用《千字文》編目，例如「天字第一號」、「玄字三十號」。《千字文》有一千個字，假如每個字有一百個號碼，那豈不是有十萬紙人？

這還不算，紙人背後還有硃砂畫的一道符，符邊填上一個名字，赫然便是徐花農的官名。這即是說，有人手握十萬紙兵，要對付他。

徐花農不敢聲張，暗暗叫手下人請道士來破法。王亭之家中有一張祖宗傳下來的黃符，據說是張天師親手所畫，也給徐花農借了去鎮妖。只是通通無效，紙人愈出愈多，連道士在作法時，居然有一個紙人忽地出現，就在壇前舞手弄腳，連道士都嚇走。

接着，紙人居然在內宅出現了，臥室、花廳，甚至連廚房都有紙人。雖然這些紙人一擊便倒，但亦令到闔家上下不安，因為誰也不知道會不會在睡夢中，忽地有一個紙人跳上床。

有人便勸徐花農不如辭官不幹了。可是徐花農卻實在喜歡廣州，而且宦途正熱，怎肯從此丟掉前程。

終於這件案子便驚動到當時的廣東最高司法機構，制台衙門，即是兩廣總督衙門。兩廣總督下令手下的巡捕限期破案，捉妖人伏法，果然不一月，案子就破了。

說穿了，這無非是一場魔術，知道奧妙，人人都可以做一個會動的小紙人來玩。

原來這些紙人，摺的時候先做下手腳，就在一些地方塗上磷粉，當把它們放在地面時，磷接觸到氧氣，起化學變化，薄薄的紙便因此受牽動，看起來，便似舞手弄足了。

那麼，這些紙人又是怎樣穿堂入室的呢？原來是買通了徐花農身邊一個長隨，他身懷着紙人，一有機會便放一個。這長隨跟內宅一個侍婢有手尾，因此這婢女便專在內宅去放紙人，一裏一外，只消放十多個紙人就已令到闔宅雞犬不寧。

紙人根本毫無殺傷力，但卻能造成極大的心理衝擊。紙人出現，不由你不理。其實完全不理，過一兩分鐘，它自己都會倒下，可是你愈理它，它就似乎愈有聲勢。廣府話有一句話說：「見怪不怪，其怪自敗」，就正是這個道理。

徐花農壞在下人多，外衙的長隨奴僕一大堆，內衙又一大堆婢女僕婦，一見紙人，群起而攻，事後便自然會誇大，紙人動一動都會說成它在還招，加上有些心理不平衡的人見紙人之後，會說頭痛心痛，這樣一來，紙人便居然真有點邪法可以害人了。

因此可以說，巫術害人云云，其實心理傷害大於生理傷害。

至於徐花農的紙人案，由於他厚道，並未追究下去，否則可能累死十個八個秀才。

生病醫病都在心理

王亭之甚至懷疑，前述夷島修「鯊魚功」害人的巫師，大部分作用亦在於心理。他警告你多少天後會死，本來閑閑一句話，未必能夠造成很大的心理衝擊，然而卻壞在周圍左右的人。

這些人，其實等於是巫師的幫兇，一旦有事，他們雞一嘴鴨一嘴幫腔，一邊是替受術的人設法，一邊其實等於幫巫師加強心理威脅。

他們會說故事，我的大姨婆的堂兄弟的叔叔就是中鯊魚功死的，死時情形怎麼樣，只須說三幾個故事，就已足令本來不信的人，相信了這鯊魚功的威力。

他們還會七嘴八舌，說中了鯊魚功的人，發有什麼病徵，這就等於暗示。暗示多了，中功的人自然就會覺得身體這個部位、那個部位不舒服。

你其實自己也可以試試，你只須一意暗示自己的小指頭會痛，這樣暗示三日，終於你的小指頭就會痛起來。人要叫自己生病，真的是最容易也沒有了。

反過來，大概便是巫術醫病的原理。

巫術醫病一方面有巫師的精神力量，但大部分恐怕還是心理治療。假如你相信病有病魔，那麼，說已經將病魔趕走，很多病情便都可以受到控制。

然而比較起來，叫人生病應該還容易一點，此所以巫師便都多少練一點邪法。

祝由科清水畫硃符

現在回頭說到王亭之感到興趣的祝由科，它自然也應該算在巫醫的範疇裏，不過卻恐怕亦不完全是巫醫，其中還有魔術的成分，加上一點點氣功，總之，這門方術複雜得很。

祝由科的魔術，有些其實已經給人破掉，只不過天下太大，歷久常新，加上近代的化學知識又比前人豐富，因此變換一下花樣，便依舊可以取信於人。

祝由科最常用的魔術，是「清水畫符」。

術者見到病人，加以診視一番，於是取出新羊毛筆一枝、黃紙一張，然後叫病家取清水來，術者以筆蘸清水，一邊唸唸有詞，就在黃紙上畫起符來。嚇人的是，只見清水到處，符卻畫成紅色，於是便不由得不驚嘆術者之神。

畫完符，術者收回毛筆，拿起面前的清水，唸一輪咒，便結印燒符噀水，然後便說已將病魔驅去。只是恐怕病魔還會來，是故至少要作法兩三日。

這種祝由科，便可以說是江湖下三濫的表演。江湖中很瞧他們不起，稱之為「腥門」。其實將「清水畫符」拆穿，只不過是很簡單的魔術。黃紙用黃薑粉塗過，手中暗藏碱末，當主人家拿水來時，將碱末放下，隨即用新毛筆一攪，那就神不知鬼不覺。碱水畫在黃薑粉上，立刻變紅，這無非只是化學變化，然而卻也便可以走江湖了。

唐人街神仙的故事

將清水畫符稍加變化，便可以花樣翻新。王亭之在紐約，便見過人表演。

此人遇見唐人街的阿婆，便每說人家中有「邪」，所以家運不好。這樣一說，十有九中，因為唐人街的阿婆，決沒有人會認為自己十分好運。不是媳婦不聽話，便是兒子不孝順。

於是此人便叫人自己去捉邪了。

他打開一個錦盒，裏頭有許多摺起來的黃紙符，隨手拈起一張交給阿婆，教她回到家中，拜過地主門神祖先，然後將符打開，由屋尾走到屋頭，一邊走，一邊將符四面照，走出門外才將符摺好，立即拿來給他看。

阿婆依照吩咐做過，心中十五十六，便一逕去找他了。這時，他拿出一盆水來，在水中攪兩攪，又一邊唸咒，然後把符放在水裏去泡。如果現出藍黑色的符出來，他就對阿婆說，邪靈已經趕走。假如沒有動靜，依照是一張黃紙，他就對阿婆說，邪靈很強，趕不走——這時侯，人家當然會請他大師親自出馬。

這種「腥門子」的表演，最好是兩個阿婆同時來，一個趕得掉邪靈，一個趕不掉，她們兩人親自目擊符的顏色變化，那就更容易取信。

說穿了，這當然還是從前祝由科那一套，只不過改用了化學藥品。用藥畫的會變色，不用藥的不變，道理就是這麼簡單。可是，阿婆卻已將此人當做神仙了。

王亭之還見過紐約唐人街的神仙親自捉鬼。他帶一個徒弟去，去到就結一個簡單的壇，然後兩個人披上法衣作法，燒符噀水不在話下，擾攘一番，神仙便叫徒弟拿咒水來。

徒弟拿出一瓶咒水，乘便對主人家說，這瓶水非同小可，他們兩師徒足足唸了四十九日大悲咒。一般邪靈，不必用到這瓶水，只是他們家的邪靈太重，所以用到它。

這一邊，神仙已拿起桃木劍來，通屋亂劈了，劈到滿頭大汗，就像跟人打架的樣子。徒弟也再不跟主人說話，只拿起一疊黃紙剪的紙人，隨着師父走，師父喝一聲時，他就丟一個紙人下地，同時隨着師父吆喝一聲，一邊又喝主人家的人不要碰這些紙人。

大概丟到三個紙人，神仙便收工了。徒弟捧着大悲咒水，神仙一邊唸咒，一邊用劍蘸水，往紙人身上就砍，劍鋒過處，黃色的紙人立即現出一道血痕。這邪靈便給殺掉了。

這時候，主人家闔家大小都會驚詫，神仙跟徒弟便用手勢叫人噤聲。待至三個紙人都砍過，神仙除下法衣，一邊抹汗，一邊埋怨剛才主人家怎樣怎樣，幾乎讓邪靈上了身，幸虧他及時將邪靈砍掉。

這套把戲，道理就跟清水畫符一樣，「大悲咒水」無非只是碱水。黃紙人則用黃薑粉塗過，那就表演得鮮血淋漓。

夷島巫婆治病

巫醫必變魔術，全世界都如此。王亭之在夷島時，就看過電視介紹夷島一個巫婆如何替人治病。看後啞然失笑，可是電視台的美人卻大驚小怪，助長了巫婆。

那巫婆燒紅一根很長的鐵鏈，然後叫兩個助手，用鉗子一人鉗着一頭，將鐵鏈扯緊。她便唸唸有詞，用右手握着鐵鏈，迅速左右游動幾下，鏡頭所見，只見手所觸處生起青煙，好不駭人，以為巫婆的手一定焦了。

然而巫婆卻氣定神閑，用握過鐵鏈的手，去撫摸病人的病灶，只見手上猶有餘煙，可是巫婆的手一燙下去，電視台的人問病人：「熱不熱？」病人卻說：「不熱，很舒服。」最後電視鏡頭對着巫婆的手，不見有半點焦痕，只有少許炭迹。問巫婆為什麼會這樣神奇，巫婆答道：「這是咒語的力量。」

其實這亦無非是小魔術而已。巫婆去握鐵鏈前，用爽身粉先爽一爽手，觀眾一定不會以為有什麼不妥，其實這時，她已經在手掌上沾滿了醋酸鹽，通常應該是醋酸鉀。

說是手握鐵鏈，實在只是空握。空握着迅速游動，又用手背對着鏡頭，便看她不清。醋酸鹽掉在燒紅的鐵鏈上，一定起青煙，但卻不燙手。當連帶手上的醋酸鹽都起煙時，她便去撫摸病人了，暖暖的，當然舒服。病人如果因此病好，絕對是心理治療。

祝由科移瘡之術

中國的祝由科，一向有「祝由十三科」之稱，那大概是十三套表演模式，由一套模式，可以演出幾套魔術。像前面介紹過，同一模式，就可以變化出清水畫符、空符捉鬼、劍斬紙人等等。

其實還有一套——將黃紙貼在病人的病灶上，一灑水，黃紙變紅，便說已經將病「發」出來了，這一套小魔術，祝由科更常用。

可是，這些祝由科之外，是否真的有用道家功法的祝由科呢？

王亭之相信或者會有。像前述的故事，一個駝背女孩跳下豬腰盤，背就漸漸長直；又如王子畏師所說，他的老師唐太史，靠祝由科將背癰移到一棵樹上，這就很難用魔術來解釋。

「移病」之術，見於宋代的道典，它真的說是用凝神守一的意念，來移病人的瘡疽，而且還附有符咒。凝神守一是否真的有如此功效（符咒當然只是做樣），那就真的很難說了。這其間，或許有精神療法的配合。病人相信，他就能發揮人體的潛能，自己將自己的病治好。潛能一發揮，便至少比精神崩潰時要好得多。

所以研究祝由科，大概也應該分真假兩門來研究。又或者能凝神守一作精神治療的祝由科，也須靠點魔術來取信於人。蓋世間上哪有這麼多的神仙法術也。

異能有假亦有真

中國有一位氣功師司馬南，許多「異能人」可能給他氣得半死，他不但公開表演來拆穿此輩的伎倆，還著書立說，將「異能人」玩的魔術一一踢爆。包括「耳朵認字」、「藥瓶取藥」、「卡片還原」等津津樂道的「異能」。

王亭之在夷島看過一齣日本電視片，全片即用隱秘鏡頭來踢爆「異能」，有時還用慢鏡，踢到中國人想找地洞來鑽，因為被踢者打正「中國代表團」的名號也。

然而十步之內豈無芳草，王亭之卻依然認為異能是有的，即佛道二家所說的神通。只是，神通須修煉而成，那些修不成神通的人，則用魔術來搭夠，是故此輩出醜，並不等於就可以全盤否定異能。

修煉神通，亟須凝神守一，試問，汲汲於名利之士，如何能夠辨得到耶？所以王亭之眼見的神通，都非大陣仗，更非刻意表演，而且其人亦不承認——只有一次例外，便是前述「五鼠運財」的表演，然而那一次，王亭之覺得實在是程叔叔故意演嘢，想收王亭之為徒。是故真正的高人，實皆深藏不露。

教王亭之道家西派內丹法的盧師父（道號江奇，真名很少提起），王亭之即懷疑他有點異能，不過他卻絕口不提神通，同時亦不承認有。對於學下茅山的程叔叔，他提起亦只微微笑，不加臧否，當然亦絕不羨慕。

千真萬確有狐仙

王亭之家中一向供奉一位狐仙，稱為「大仙爺」，蓋乃百多年前的老祖宗自鐵嶺老家帶來廣州。據家乘傳說，老祖宗是尚可喜的部下，當日知道要南征，闔家便在大仙爺的牌位前磕頭。是夜，老祖宗作了一個夢，夢見大仙爺叫他放心，保他一場富貴，他會跟老祖宗一齊南下，包他逢凶化吉云云。

且說，時維一九四六年，那時王亭之還在練習西派丹法，但師父則不常見了。及至一個秋夜，王亭之正閉門練功，忽聞報訊曰：「少爺，你的師父來了，跟老爺在書房。」王亭之聞言，立即收功往書房去謁見。

入書房門時，只聽見師父的語尾：「你們家的大仙爺快要走了，所以你其實也不必猶豫。」——後來才知道，他此來是為了勸先父立刻變賣家產，南下香港。只是王亭之一來，便把他們的話柄打斷。

果然隔幾個月，先父紹如公便作了一個夢，夢見大仙爺跟他辭行。夢醒之後，紹如公十分不安，且奇怪王亭之的師父怎會事先知道。所以王亭之實在很懷疑他有神通，可以跟狐仙溝通，又或有前知，知道廣州不如香港，因此才為先父畫箸代籌。

不過時隔不久，王亭之即遇家變，那就辜負了師父的美意。

但憑什麼知道狐仙的去留呢？

此事說來話長。原來我家自定居廣州之後，便一直供奉此大仙爺。他的牌位獨佔一間黑房，房門緊鎖，閑人不許入內，婦女更嚴禁進房。

牌位供在一張小供桌上，只寫着「大仙爺之位」五個字。供桌不上香，每日只供一枚生雞蛋。初一、十五則加供一杯酒，偶然亦供供花，但大多數是當有事相求之際，真可謂「臨急抱狐腳」了。

這枚生雞蛋，至黃昏即收走。說也不信，一定只剩下一枚空殼。王亭之看過這些蛋殼，端的連針孔都沒有一個。然而這重大的秘密，老輩卻絕對禁止聲張，是故有些下人，在家中傭工幾十年，都未必知道這個秘密。

老家還有一個習俗。供過狐仙的蛋殼，要由當家媳婦帶頭用來刻蛋殼燈。即是在蛋殼上繪上花紋，然後用繡花針與塹刀，在蛋殼上刻花，要不刺穿那層薄薄的蛋衣，然後才稱為高手。在刻花之前，雖然用沸水一再淋燙蛋殼，使蛋衣凝結，可是這手藝卻實在不易。這串蛋燈，照例用於年初二「開燈」，元宵燈節時又換過一串。然而卻忌諱說明蛋殼的來歷，據說祖宗曾一度家道中落，即是由於洩漏了秘密的緣故。

這段家乘，神秘得很，但卻千真萬確。

昔年寒舍亦正因為曾經中落，且幾乎罹「大辟」之刑，而大仙爺都不棄我而去，是故後來家道中興，對大仙爺便分外虔敬，但對其「祀典」卻亦守口如瓶。

所以他的去留，實在十分容易知道。當照樣供生雞蛋而雞蛋終日依然故我、紋風不動之時，那麼猜都可以猜到，大仙爺已棄我而去矣。

王亭之清楚記得，當先父自大仙爺供桌上，親手收回一隻原裝生雞蛋時的神色，真可謂面如敗灰，終夕不安。那時真有打算變賣家產南下港島，只可惜環境隨即生變。如若不然，光是變賣老家桃木櫃中的兩大櫃瓷器，王亭之都可成巨富。

記得有一年，狄娜搞一個豪華文化晚宴，席上用的都是康雍乾三朝的瓷器，曾經哄動一時，王亭之當然無緣參與其盛，只是看報紙報道說，瓷器雖古，卻是雜錦，心中就不禁竊笑，昔日寒舍大宴客，酸枝枱，開口席，所用的枱帔椅帔，皆乾隆年的湘繡，所用的瓷器，全套乾隆瓷，至於先父自己日常所用的，則為康熙硬彩，連王亭之都用雍正粉彩，光緒瓷則為高級下人所用，古董云乎哉。

話說七十年代，王亭之去參觀大會堂香港博物館，見到連一隻「八角碗」都給隆而重之，供在一個大玻璃櫥上，還加上中英文說明，王亭之不禁捧腹。這些民國年間的粗碗，充其量不過六七十年身世，居然就變成「博物」了。故居當日，連最下的粗使用人都不用這個盛湯盛飯。用來做什麼？用來盛供品供地主、龍神與井神。

因此，道家師父和大仙爺的勸告，實在非常有理，只是夙業有如前定，終於故家傾敗。王亭之的命運，也應了當年廣州名相士金聲甫的預言：「此子散盡家財！」

然而當日未能移家，除了私人原因之外，還有一個因素，那就是誤信扶乩。

乩仙指示前程

扶乩這回事，也有許多故事可談。且說先父當年之所信。他們沒有參加什麼道社，只是十幾個人貪好玩，每月一聚，玩玩扶乩，如是已經多年。大概就在一九四九年初，許多世叔伯在六榕寺設壇扶乩，據說是呂祖臨壇。他們請問世局，乩筆便批示出兩句——「八月去酷吏，清風來故人。」

這兩句好像是杜詩，乩仙拈來，貼切得很，蓋當日的國民黨，無人不認為是「酷吏」。至於「故人」呢？有人說中共即是，因為當年「國共合作」，廣州即是基地。毛澤東那時還在廣州主持過一個「農民講習所」；但亦有人解得更具體，「故人」即是葉劍英。

有一位世叔伯解這兩句乩詩，便力主「清風來故人」的「故人」是葉劍英。他對家母談起，便說：「你們家不怕了，紹如哥當日幫過葉劍英一把忙，葉劍英可能還記得，他來廣州，一定會照顧你們母子。」

這句話，便決定了家母的行止。因為家母其時對移家一事，心中正十五十六。說這句話的世伯不是別人，他名佟弼臣，跟毛澤東在「農民講習所」共過事。五十年代初，他賦閑無聊，便寫過一封信給毛澤東。毛氏雖未回信，但政府卻立即安置他在「文史館」當個研究員，至「大躍進」前病逝，總算福壽全歸。他的令公郎佟紹弼，則是王亭之的老師，工詩，當時有「南園新五子」之號。

由於佟世伯的關係，家母便決定留在廣州靜觀其變了。這一決定，影響了王亭之一生命運。至於先父當年到底怎樣幫過葉劍英，則實在連家母都不清楚。

所以扶乩這回事，真的可以說信不信由你。雖然亦有事後令人吃驚的扶乩，但照王亭之經歷，乩詩真的可以左解右解。像上述六榕寺的扶乩，「八月去酷吏」已經不準，因為中共並不於四九年八月入城，而是在五〇年中。但只相差幾個月，因此大家也便不求太甚。「故人」是否真的「清風」，在當時可以說是，因為真的大軍入城，不取民間一針一線也。

扶乩的故事

如果說扶乩真的有神降壇，那便顯然是迷信。許多扶乩，無非是乩手的動作。任何擅長寫點模棱兩可的詩句，自然就可以事後應驗如神，而事前則無人能確實解說。

王亭之有一次跟李世華去彌敦道一家道社扶乩，世華兄說，乩仙很靈，而且可以「心叩」。所謂心叩，即是不須將所問的事情說出，只在心中默祝，乩仙便會有所啟示。

於是王亭之也便心叩了。乩仙示以一詩曰：「笙歌爛漫可憐宵，東風楊柳萬千條。二十四橋須過了，玉人何處教吹簫。」

這首乩詩，明顯是用姜白石的詞句。然而，你說它主吉主凶呢？倘如說吉的話，「可憐宵」可以解為不吉，而且要過「二十四橋」，可以解為障礙重重，加上風拂楊花，自然可以視為「飄盪」與「流離」。但若說為凶，則詩中一片春景，而且「可憐」實在是「值得憐惜」之意，加上「二十四橋須過了，玉人何處教吹簫」，簡直是風流佻脫，瀟灑不羈，那就又可以解釋為「春風得意」了。

像這樣的「心叩」，乩手只須多讀點詩詞，自然屢發屢中，有何難哉。

王亭之後來沒有再去這間道社了，不過卻知道，後來乩仙親筆提點「李子世華」做董事長，盛讚他有仙骨，王亭之不勝羨慕。

王亭之那時正拜王子畏師之門，跟他學《虞氏易》。子畏師也是那家道社的常客。不一年，他患上了肺癌，其令郎便走去扶乩了，乩仙開出一些藥方，而且說「不出十服，即可霍然」。於是子畏師甚為高興。

看看那些藥方，無非是補肺行氣之品，王亭之當時不敢說什麼。只是過了七八天，子畏師就辭世了。

據說後來子畏師的家人去質問乩仙，為什麼說可「霍然」但會死人？乩仙於是開示說：「王子心浮氣躁，但有仙氣，故我收之於左右，隨吾修煉。」如是云云，說了一大篇。原來是乩仙看中了子畏師，是故才不教他「霍然」。

像諸如此類的扶乩，真的可以說是信不信由你。王亭之在台灣，見到這類乩仙，自然就比香港更漪歟盛哉了。

有一次降乩，見到呂洞賓乩筆畫葫蘆，那乩筆蘸色蘸墨，揮灑如意，不一會，就畫成一幅小斗方，畫得還真的不壞。只是王亭之卻有一個疑問，呂洞賓是唐代人，那時的人，只識畫工筆畫，而如今那幅葫蘆，卻是大寫意的風格，是則莫非呂洞賓後來又拜吳昌碩為師，學寫意筆耶？仙人好學如此，王亭之不勝惶恐。

然而當時壇前百餘人，當畫幅高舉之時，莫不合什膜拜，王亭之還哪裏敢說半個不字也。

在台灣，還見過乩仙將一杯白酒，變成五種顏色——那又是一次很哄動的表演。白酒斟在一隻高腳玻璃杯裏，是上好的「金門高粱」，酒很濃。當乩筆蘸下去時，只蘸三蘸，乩手便叫他的助手去「攪攪看」，助手如言，拿着根筷子一攪，白酒便變成黃色了。

於是乩仙再變，這次攪出來的是紅色；第三次攪出綠色；到第四次時，壇下的人偷偷猜測會變什麼顏色時，王亭之口多，說：「一定是黑色。」還有人不信，結果證明王亭之先知乩仙的心意。旁邊還有人喃喃：「黑色多不好呀。」可是立即就有人在解畫了：「你不曉得，由白變黑，正是仙人顛倒陰陽的作用。如果變其他的顏色，就不見得高明了。」當下人人信服。

只是王亭之卻曉得，用化學變化也一樣可以起仙人的「顛倒陰陽」作用。

酒精溶化了黃薑粉，一樣可作用成黃色；再加上鹹液，立刻就成紅色，這即是祝由科「清水畫符」的原理；倘如再加入硫酸鐵溶液，一定變成綠色；最後加點五倍子汁，那便非成黑色不可。白黃紅綠黑，剛剛是五個顏色，分別是金土火木水的色澤，倒過來看，水生木，木生火，火生土，土生金，真是配合得很巧妙。當時壇乩中人便這樣解說過了，王亭之一邊聽，一邊佩服其人精通陰陽五行。

最靈驗的乩文

然而扶乩雖有術，畢竟亦有靈驗到令人不信的扶乩。王亭之生平所見，惟以民國廿二年（西元一九三三年）十二月十二、十三日，在粉嶺馮其焯別墅所扶的乩，最為靈驗，前半段乩文且曾發表於十二月十五日的《工商日報》第三版。及見其事者，尚有馮公夏老先生健在，馮公今年已九十四歲。

當日的乩仙，自稱為諸葛孔明，然耶否耶固不得而知，但其為靈異則可以肯定。其時扶乩諸人問的是世事，因為當時中日戰爭已逼在眉睫，香港安危未可知也。

乩文一開頭就說——

「天數茫茫不可知，鑾台暫說各生知。世界干戈終爆發，鼠尾牛頭發現時。」

一九三七年丁丑七月（農曆六月），蘆溝橋事變，是即可謂「牛頭」也。乩文接着說——

「此次戰禍非小可，鳶飛魚躍也愁眉。天下生靈西復東，可憐遍地是哀鴻，屍填溝壑無人拾，血染山河滿地紅。」

乩文的意思，自然是說世界大戰，非只中日戰爭。「鳶飛魚躍」，可以解作飛機與潛水艇。乩文接着便一一指出參戰的國家了。隱語用「離合格」，很容易猜得出，茲將此文列後，並用括號註出所隱的國家名字，讀者當能一目了然。

「天下重武不重文，那怪環球亂紛紛。人我太陽爭北土（俄、日）；美人東渡海波生（美），十四一心人發奮（德）；水去西方啟戰爭（法）；晉有出頭寧坐視（普，指「普魯士」即意大利）；中央生草不堪耘（英）。」

這裏指出參與第二次世界大戰的七個主要參戰國（連我國共為八國），中美英法蘇為「同盟五國」，德意日為「軸心三國」，參戰兩大陣營的國家無一遺漏。只是乩文對「同盟國」多用貶詞（「海波生」、「啟戰爭」、「生草不堪耘」），而對「軸心國」卻反而用上正面的字眼（「人發奮」、「寧坐視」），有點是非不分，褒貶不明，這莫非那是「仙人作用」，非凡夫所能測耶。

下面一段乩文則夾雜說到戰後——

「切齒讎仇今始復，堅固金城一旦傾。除非携手馬先生，馬騰四海似蘇秦，遊說辯才世罕有，掉他三寸舌風生。」

「金城」似指南京，為當時國府首都。「馬先生」應該是指馬歇爾。當時由美國出頭，派馬歇爾來華，主持「國共和談」。

所以乩文說——

「得與聯軍說事因，東人首肯易調停。」

此中「聯」即是「共」；「東人」明指「毛澤東」。和談以毛澤東為主，是當時令人不信的事。

乩文亦預言及「國共和談」失敗，因此說道——「青天白日由西落，五星旗幟向東生」。

這兩句乩文簡直嚇死人，民國廿二年，應該連毛澤東都不知道有「五星旗幟」。至於「青天白日」，當然即指國民黨的黨徽。

至於如乩文說——

「二蔣相爭一蔣傷，兩陳相遇一陳亡」，馮公夏老先生說：「二蔣」是蔣介石與蔣光鼐；「兩陳」是陳炯明與陳銘樞，王亭之以為未必，竊謂「兩陳」是中共的陳毅與當時的副總統陳誠。而「二蔣」云云，至今未有確解。

乩文於是便轉入正題，說香港的安危了——「東土不如西土樂，五羊風雨見悲傷。水巷仍須是樂邦，諸生不用走忙忙，錢財散盡猶小事，性命安全謝上蒼。今宵略說言和語，留與明宵論短長。」

一般人以為這是說抗戰期間的香港安危，其實不是，乩仙蓋說中共建國以後也。中國當然是「東土」，香港是英國殖民地，其為「西土」無疑，「水巷」則明指「港」矣。中共建國以後，歷年發動規模相當大的運動，而以「文革」最為極至，當然香港「仍須是樂邦」，而廣州（其實包括整個中國）則「風雨見悲傷」了。蓋若指抗日時期而言，則三年零八個月的香港，亦不是好日子也。

第二天，諸葛孔明繼續降乩，這乩文則預言中共立國，以至於其後發生的種種大事了。

乩文說——

「紅日落完白日落，五星燦爛文明國。中山傾頽草木殃，豺狼虎豹同一鑊。」

此中「紅日」當然指日本，「白日」則指國民黨，「五星」指中共建國（不要忘記，當時是民國廿二年！）「草木」指蔣介石與宋子文，稱國民黨官吏為「豺狼虎豹」，諸葛武侯可能是共產黨員！

以下的乩文是——

「兩重火土甚光明，士農工商皆有作，木子楊花真武興，小小天罡何足論。強反弱兮弱反強，王氣金陵黯然盡。」

這依然是說國民黨失敗，中共反弱為強，得以建國。此中「兩重火土」，似「共」字。「士農工商」似當日的「新民主主義」的「四大階級」。「真武」是「北方真武」，屬水，勉強可以說指「澤」字，「木子楊花」則可能落空。「天罡」之數三十六，國民黨立國三十六年已崩敗，是亦可謂乩文有準。

以下的乩文，有幾句泛泛之詞——

「故都陝地聚英華，文物衣冠頭尚白。氣旺南方出豪傑，克定中原謀統一。」

這依然是說中共由延安起家。湖南當然亦是「南方」。

然而，乩文卻驚奇地預言到文革了——

「佳人絕色自西來，弄權竊國氣驕逸。狐兔成群功狗烹，倒亂君臣誰與匹。」

這位「佳人」，非江青而為誰耶。「狐兔成群」自然指四人幫及其爪牙，「功狗」則是開國功臣。民國廿二年的乩文可以預言及此，不能不令人嘆服，豈可謂扶乩一律偽作也。

還不只，乩文說——「太陽潛去霧雲收，萬國衣冠拜彌勒。」

「太陽」指「東方紅、太陽升」的毛澤東，他一死，文革就結束了。「彌勒」必為鄧小平無疑。四川是彌勒教、紅燈會的大本營。況且，鄧小平瞧起來也真像那大肚彌勒佛。

然而以下的乩文，卻似乎事情還未出現。王亭之只能靠估，各位讀者亦可以一齊估——

「治亂循環有定時，根樹生枝惟四七。」

中共於一九四九年立國，如四十七年，接近一九九七，這是對「根樹生枝」的香港預言。

因為乩仙始終是向港人作指示也。

「老人星出現南方，紀念化為公正堂。西南獨立曇花現，飛虎潛龍勢莫當。」

「老人星」即是太白金星，「西南獨立」指川藏雲貴一帶耶，然而僅屬曇花一現，隨即為「飛虎潛龍」平定了。這會不會是「鄧後」的中國情形呢？

照乩文，將來中國還可能攻台——

「聯軍東指成一氣，劍仙俠士有奇秘。水能剋火火無功，炮火飛機何處避。此是陰陽造化機，土意發明成絕技。」

參照前面的乩文，「聯軍」指「共軍」。共軍東指，其為攻台無疑，難不成還會打日本。這場戰爭可能出動到「核武」。因為「土意發明」的土，於五行中央，「核」便恰恰在中央。

乩文接着說——「稱雄東土日已終，物歸原主非奇事。此時國恥一齊消，四海昇平多吉兆。異術殺人不用刀，偃武修文日月高，三教聖人同住世，群魔妖怪豈能逃。」

此中的「日」，到底是指誰呢？怎樣也不可能指日本罷。但縱然是「四海昇平」，卻似乎還有「群魔妖怪」以「異術殺人」，那就有陰謀詭計了。

以下乩文只能抄錄，讓讀者存記——

「可嘆草頭燒不盡，野外春風吹又生。宮門拔劍除奸佞，白頭變作赤頭人。田間再出華盛頓，造福人群是真命。此人原是紫微星，定國安民功德盛。執中守一定乾坤，巍巍蕩蕩希堯舜。百年世事不勝悲，誠恐諸君不及見，好將功果待來生，將相公侯前世善……（下略）。」

所略去的乩文，無非是訓勉之語，與預言絕對無關。然而乩文有「華盛頓」一語，亦大奇也。

扶乩源自「迎紫姑」

其實扶乩之術，起源於古代農村婦女的「迎紫姑」。相傳紫姑為管毛廁之神，所以廣東人即稱之為「屎坑三姑」，而且還留下一句俗諺：「屎坑三姑，易請難送。」用來譬喻有事求人，可是事後卻頻頻受到這人的需索。從前的衙差役吏、今日的黑社會，即是這類人。

迎紫姑，要祭掃把。掃把放在毛廁裏，對着掃把上香，然後喃喃祝禱，據說紫姑便會騎着掃把前來降壇。

至於怎樣占卜呢？玩過「碟仙」的人一定知道。無非是幾個人同時用中指按着一個小碟，小碟反過來擺，在碟底的一邊用紅硃畫一個箭頭。碟放在一張特別印製的紙上，一層層文字圓形排列，上面大概有三千多個字。

當紫姑來時，碟就會動，有時動得慢，有時動得快，然後停下來，眾人便看小箭頭指着哪個字，將之記錄。這時，碟又繼續動了，如是循環，直至碟子停下來再不動，便算是得到了紫姑的指示——這些指示，有時是一首詩，有時是一句俗語，甚至有時只是一兩個字。

玩迎紫姑的多是未婚少女，據說紫姑未嫁，因此她就不高興已婚婦人。年紀小的男孩也可以參加，不過當請紫姑不來時，那些女孩便會責怪男孩子了。王亭之小時候，就常常成為給人埋怨的對象。不過貪好玩，給人埋怨也顧不得許多了。

王亭之只記得有一次迎紫姑，是請紫姑給「字花貼士」。

那時候，廣州的字花雖不普遍，可是亦不冷門，字花的主顧多屬婆媽、媽姐之流，在他們的慫恿下，師奶小姐有時便也下注一個幾毫。有一次迎紫姑，不知是哪個小姐出的主意，居然便向紫姑攞料。

這一次紫姑的乩詩，王亭之記得很清楚，真可謂隔半世紀猶如半日。乩詩說——

「二八佳人不似，十八孩兒卻是。那邊十字十字，一一分離容易。」

這首乩詩給出一堆數目，起初便有人說，大家科款，依着數目去買。但是那時的字花並沒有編號，所以便拿出一本字花書來，什麼「四狀元」、「四夫人」、「四師姑」、「四和尚」，一一循序數下去。

正當她們數時，王亭之卻福至心靈，說道：「不對，乩詩原來是打字謎，謎底應該是元桂。」當時大家一想，立即同意——

「二八」瞧起來像個「元」字，但是卻不很似；「十八」是個「木」字旁，然後另一邊，兩個「十」字，給「一一」分離開來，那還不是「桂」字。

可是王亭之卻記得，那次的字花沒有中，家人猜測，是因為下注過重，嚇窒了字花師爺，真的是仙機不可洩漏。

扶乩始終有疑點

扶乩當然比迎紫姑要大陣仗。在神壇前設一木盤，漆以紅硃，盤上安一個木架，架起一枝丁字形的乩筆，盤中裝滿細砂。於是香煙繚繞，術者焚符請神，然後兩個人站在盤邊，一人一邊扶着乩筆，等候乩筆在砂上寫字。

這時候，正乩手將砂盤中的字逐一讀出，自有人在旁紀錄。副乩手反而輕鬆，他只是神色肅然，幫着扶乩筆而已。

有時候為了取信於人，卻叫兩個小孩去扶乩，此即所謂「乩童」矣。乩童要受過訓練，雖不識字，可是在乩盤中寫起字來，卻忽地龍飛鳳舞。尤其是有些扶乩的裝置，是兩個人站在乩盤後面，離得遠遠，扶着伸得長長的乩筆來寫，寫的字跟乩童方向相反，即所謂「逆書」。這樣一表演，便更加容易取信於人了。

只是有一點，王亭之曾留意過乩盤上的字，一律大草，有如畫符，真的無法辨認。乩壇上自另有人去認，一邊讀，一邊撥平乩盤中的砂，所以乩文其實可以由這個人口占出來。

還有一點，若主壇的乩子能詩，請來的仙人便亦精吟詩，否則的話，便只能扶出有如廟宇神簽般的詩句，半通不通，模棱兩可。所以王亭之對於扶乩一事，始終有疑，覺得還是迎紫姑好玩一點。

清代有一本書，名《仙壇花雨》，那就首首是很不錯的唱和詩了。

所謂跟乩仙唱和，無非是扶乩的人作詩一首，然後乩仙降筆，依韻和成一首，倘如參加扶乩的文人學士多，扶一次乩便可得數十首詩，因此，縱然此中有弊，也難為主乩的人有許多詩才。而今時的乩手，能此道者恐怕已一人沒有。仙還是往日的神仙，可是只須換一代乩手，仙人便立刻欠缺詩才，這也是乩壇中人無法自圓其說的事。

前輩乩手詩才好，可以舉一些故事來作證。

清乾隆年間，吳興祚任無錫知縣，他素來不信神鬼。一日，聞有一秦姓人家的乩仙多靈異，便逕自前往，那時恰好乩仙已降壇，自云是李太白。

吳興祚見是大詩人臨壇，便請道：「祈賜一詩。」乩筆判云：「吳興祚何以不拜？」吳答：「詩好則當拜。」乩筆又判：「題來。」那時適有一隻貓兒蹲在壇旁，吳便指貓為題。乩筆再判：「韻來。」吳興祚便用「九、韭、酒」三韻來為難詩仙。

誰知語音方落，乩筆已判成一詩。詩曰——

「貓形似虎十八九，喫盡魚蝦不喫韭。只因捕鼠大猖狂，翻倒床頭一壺酒。」

李太白的詩當然無此打油，只是能立時成詩，而且依所限的險韻，是亦可謂難能也矣。這個故事因此傳誦一時，只是不知當日吳興祚有沒有向乩仙叩頭。

金聖嘆的乩詩

清人傳說，金聖嘆死後亦為乩仙。

這位金聖嘆在清代大大有名，相傳當他出世時，母親夢見孔子抱着一個小孩，嘆一口氣就不見了，醒來旋即生產，因此便以「聖嘆」來做這孩子的字——這個傳說有點靠不住，因為他名金人瑞，只是生性古怪，專喜歡發偏激的議論，尤其是論經論詩，總喜歡駁斥前人之說，所以他才以「聖嘆」為字，意思是連聖人見到他都會嘆氣。

後來他因為反對官府，夥合一群秀才，在文廟大哭，結果被捉將官裏去，罪論大辟，即是殺頭，這就是有名的「哭廟案」，也是清代對文人的大鎮壓。

金聖嘆臨刑前，對監斬官說，有一個萬金之秘要告訴兒子。監斬官貪心，准他的兒子見他，可是秘密要當着官說，金聖嘆答應了。及至兒子來到，他卻說：「花生米跟五香乾同喫，有火腿風味。這是萬金不傳之秘。」監斬官給他氣得半死。

他在山西曾留下一乩詩，詩曰——

「石頭城畔草芊芊，多少愚人城下眠。惟有金生眠不得，雪霜堆裏聽啼鵑。」

以詩論詩，並不覺得好。不過他的一個朋友朱眉方，曾夢見他，他自言前生為杭州昭慶寺的和尚，如今做了鄧尉山的山神，鄧尉多梅，末句即指白梅花也。

清代彭玉麟扶乩故事

最饒有趣味的，是清代名臣彭玉麟的故事。在清中葉，他跟曾國藩、左宗棠一時齊名，兼且為官清正，又復恂恂儒雅，能畫梅花，故時譽甚佳。他的孫女，許配給俞陛雲，即俞平伯的祖父，未過門便已逝世，俞陛雲因此為她賦悼亡詞，詞寫得容情並茂，傳誦一時，成為佳話。

至於彭玉麟自己，相信也有一段傷心往事，後來雖然娶親，卻始終懷念舊情，以致家室不和，所以他對俞陛雲非常同情云云。

彭玉麟一生剛介，少年時讀書於湖南衡陽的石鼓書院，結識了一位年長的同學蕭滿。那時彭玉麟的家道困乏，蕭滿則靠替人撰寫打官司的狀詞賺錢，即俗之所謂狀棍。

彭玉麟既結識了他，便極力勸蕭滿鋤強扶弱，同時還幫蕭滿一起為弱者思量如何官司可以得直。兩個人，一時在家鄉便頗有正直之譽。

後來蕭滿忽然改習道家，又學會了扶乩，便邀彭玉麟合作。他焚符作法召神，彭玉麟則主持乩筆。蕭滿告訴彭玉麟，不必管那麼多，於扶乩之時，但凝神守一，當心血來潮之時，想到什麼便寫什麼好了。彭玉麟照着他的辦法，主持乩壇，他詩才好，時時福至心靈，婉轉說中了事端，有時甚至還替人開方治病，兩個人居然混出點小小名聲。

有一次，一個退休回鄉的大老，媳婦患病纏綿三年，看盡衡陽的名醫都不見效，聞蕭彭二人的乩壇診病有驗，於是親自去為媳婦求醫。彭玉麟見到，心中十分忐忑，因為此人既有身份，而且他媳婦的病早已傳遍衡陽，衡陽許多乩壇都為他開過仙方，一不見效，給他一傳，乩壇立即衰落，如今來到自己的乩壇，真是十分難以應付。

彭玉麟拿着乩筆，躊躇難下，蕭滿已經催過三道符了，再拖延不得，只好先勉強在乩盤上判一個「降」字。乩筆又徘徊良久，彭玉麟始終不敢下藥，於是又隨手判一個「下」字。

那大老見乩仙指示「降」「下」，便跪在壇前說：一向以來，各位醫家只主張用補，亦有主張發散，從來沒人用「降氣攻下」之劑，媳婦久病體弱，恐怕受不了猛藥，是故還請乩仙斟酌。

彭玉麟當時聽見，心想，他亦說得有道理，那倒不如將計就計，就開出連太子都吃不壞的方劑出來，不求有功，但求無過好了，於是便運動乩筆，成一詩曰——

「無端惡疾到心頭，老米陳茶病即瘳。持贈與君唯二味，會看病起下高樓。」

那大老見到乩詩，疑信參半，當下循例謝過乩仙，也便去了。

彭玉麟應付過那大老之後，心中一直不安，幸而過得兩三天，未聽見有壞消息，心想，事情應該算是應付過了。

誰知再過十日八日，那大老忽然遣人送兩張帖子來，說是「潔樽候教」，還備下了轎，帖到人去。彭玉麟跟蕭滿兩個，心中懷着鬼胎，只好上轎。轎直到轎廳，家人掀開轎簾，請老爺下轎，彭玉麟望一望那家人，十分恭敬，當下也便安心了。

進到客廳，只見那大老早已降階相迎，還未坐定，那大老已抱拳相謝，說道：「猶女纏綿病榻三年，不圖得仙家指示，吃老米陳茶，居然十日不到就好，因此特備水酒恭請，且邀四五位鄉紳作陪，謝謝兩位先生的神術。」

彭玉麟這時真覺得僥倖，也不明白老米陳茶為什麼竟然可癒宿疾。只是就此一宴之後，兩個人扶乩的名聲便十分響亮。他們兩個窮秀才，一邊讀書，一邊以此為副業，真不無小補。

忽一日，彭玉麟正在書院讀書，卻見縣中的衙差持着知縣大老爺的名帖急請。那時衡陽縣的知縣名金日聲，官聲相當好，且又愛士，許多窮秀才都能得這父母官一請為榮，所以見到名帖，自然高興。可是動問之下，卻知道原來是金大老爺請扶乩，因為他的三歲孫兒誤服鴉片。然而三歲小孩何以竟會誤服呢？

原來合當有事，金知縣的孫兒患病，自然延醫診脈處方。家人依方煎藥，至藥煎好拿進上房來時，那小孫子卻剛好熟睡，金知縣的太太老人惜嫩孫，便對媳婦說：「且讓他再睡一會罷，不要吵醒他喝藥了。」

金老太太便命女僕把藥拿回廚房，放在飯甑上。意思是保持藥暖，好待孩子一醒來便餵他喝。當時大戶人家，飯甑的灶長期生火，目的就是要起茶水來方便。

及至孩子醒來，便命人取藥了。藥到給孩子飲，那孩子只一呷即便大哭，不肯飲藥，金老太太只道不肯飲藥是小孩常情，因便跟媳婦二人夾手夾腳，強灌那孩子喝了。喝到一半，只見碗底黑黑濃濃地半碗膏，金老太太便埋怨媳婦，倒藥時也不把藥渣瀝清。媳婦卻辯道，藥是自己親手瀝的，藥渣還在竹篩裏。金老太太叫人把竹篩拿來看，果然半篩藥渣，當下也心中覺得奇怪。

那婆媳兩人正在驚疑，床上的孩子卻忽地臉色驟變，縮手縮腳，昏厥過去。婆媳兩人大驚，連忙喊請醫生，這時連金知縣也慌了，命差人即刻帶原來那醫生來，另外再請兩三位名醫。不一會，原來那醫生已到，診診孩子的脈，再看看藥碗，便跌足道：「這是鴉片煙膏啊，哪裏是藥，這麼一碗鴉片，沒得救了。」

金知縣聞說孫兒服的是鴉片，也大驚失色，一邊急忙請幾位醫生設法，一邊着人去廚房查，為什麼藥湯會變成鴉片煙。

醫生還未忙完，鴉片煙的事已經查清了。原來金知縣的廚夫有煙癮，卻貪便宜，只買生鴉片回來自己炖，蓋生鴉片不能吸食，必須煮熟，講究的人用銅鍋來煮，貧窮的人便拿瓦碗來炖，這已經是慣例。

看官，這其間又有什麼分別呢？原來用銅鍋來煮，可以煮出許多煙渣，這些煙渣必須棄掉，煮成的鴉片煙膏就純了。如果拿來炖的話，煙渣卻炖不出，而且煙還有水氣，抽起來便不香醇，講究的人自然不取。

也是合該有事，金老太太命人在飯甑上炖藥時，那廚夫卻正炖鴉片煙，兩個碗又同一花色，並排在飯甑之上，後來女僕去取藥時，也是一時大意，隨手拿起一個碗就走，卻不道便錯拿了那碗鴉片煙，就這樣給拿來餵孩子喝掉了。

只是事情雖然查出來了，卻也於事無補，當時幾個醫家診脈商議，一致推搪不肯下藥，金知縣急到不得了，卻忽然想起，彭玉麟跟蕭滿扶乩診病有神效，當下便立即叫家人拿着自己的名帖，急急去請他們二人。

那些醫家見事不關己，一個個便也告辭溜走了。

且說，彭玉麟當時聽見知縣的家人道出始末，便不願意去了，因為三歲孩提喝下半碗鴉片，此事非同小可，怎樣處方，實在沒有把握。因便推搪道：「扶乩要靠蕭老爺焚符請神，蕭老爺不在，我一個人實在沒有辦法。」

然而事卻湊巧，彭玉麟正在推，那蕭滿卻已蹩着腳回到書院來了，彭玉麟只好怪蕭滿，若遲到一兩個時辰才回來，說不定孩子捱不住，自己就脫了關係。

當下，兩個人去到縣衙，只見金大老爺早已官服伺候，堂前且已設香案，連乩盤乩筆都準備得齊整。看見這樣的情形，自然再沒得推辭，只好硬着頭皮上。

那時自然是蕭滿焚符，彭玉麟扶乩，他扶着乩筆，盤旋良久不敢寫字，金知縣已跪在香案之前虔誠祈禱。也真是鬼使神差，此時彭玉麟腦海之中，卻浮現出一個藥名出來，因不顧三七二十一便信筆寫道：「蓖麻子一兩」。

金知縣叫人立刻去藥店買藥，又留二人在縣衙，茶點伺候，提防變卦。他們兩個一邊吃點心，一邊心中惶恐，然而不一會，後堂就有家人來報，說小公子灌藥之後大吐，已經醒過來了。金知縣聞報大喜，竟對兩人一揖到地，稱謝不已。

那時，連彭玉麟自己也覺得事情奇妙，當下自然心中暗喜。

經過兩次扶乩治病有效之後，彭玉麟的乩壇自然聲名大噪。後來他以軍功起家，一路扶搖直上，官拜封疆大吏，他家鄉卻還傳着他扶乩的故事。甚至後來他告老歸田，族人還居然有人跪着央他扶乩治病，他當然不肯再幹，然而亦不諱往事，自道這兩次扶乩實在是誤打誤撞，也不知是真的乩仙有靈，還是病人命不該絕。因此事情的本末也就流傳下來。

如果事情發生在今日，彭玉麟一定自稱有「異能」，明明白白有兩件誇得口響的事情做證，還不真確耶。再上上電台電視，搞得幾搞，包保就連他自己都會相信自己真有「異能」，不過「異能」不常有，要什麼什麼情況下才出現。通常是乞靈於酒，酩酩酊酊，「異能」也就來了。

平心而論，像彭玉麟的扶乩，說是「異能」亦未嘗不可，因為雖非真的有乩仙降筆，但畢竟彭玉麟是發揮了自己的潛意識，人的潛意識有很奇妙的作用，至今科學尚未能解釋，所以將人在逼迫時的潛意識作用，稱之為「異能」亦未嘗不可。許多喜歡炫耀「異能」的人，或靈或不靈，照王亭之的看法，跟其是否心情逼迫很有關係，你愈不逼他，他就沒法子了。

扶乩是否可信，恐怕亦跟乩手的精神狀態有絕大關係，至於說實有乩仙，那就非王亭之所知矣。

宋代的山陽女巫

在宋人筆記《宋朝事實類苑》中，記有一個山陽女巫的故事，便很可以說明，凡扶乩之類實在是出於心靈感應。

故事說，山陽有一女巫，能知人禍福休咎，而且來問的人不必出聲，她見人即答，所答亦必道中其人心中的疑問。以此之故，一時聲譽鵲起。

有大戶人家請她來問事，見他時，大戶正在下圍棋，便數一把棋子，用手攏着，問女巫手中有多少枚棋子，女巫一口便結答出來。

主人又隨手拿起一把棋子，依舊用手攏着，這一回，女巫便答不出了。

由此知道，女巫其實是靠感應來回答問題。問者心中想着什麼，女巫感應到了，所以便能依感應來作答。當隨手拿起棋子時，連主人也不知道棋子的數目，女巫是故便亦不知。

故事接着說，主人家的書房中有一皮箱，裝着《大般若經》一百冊，主人隨手指着箱子來問女巫：「裏面藏着什麼東西？」女巫凝視良久，答道：「空箱也。」

主人大笑，再問：「你看清楚點。」

那女巫果然再凝視一會，然後搖頭答道：「你不要騙我，分明是個空箱。」

那時的人解釋道：《大般若經》說的是「空性」，所以女巫便感應到「空」，所以答是空箱。這個解釋其實並不合理。

王亭之認為，那山陽女巫其實已經感應到箱中裝的是《大般若經》，但是，她先前猜不出人家隨手抓一把的棋子數目，為了補鑊，所以這一回她便作狀，堅持所猜是個空箱。她知道主人家信佛，這樣做，便可以討主人家開心，認為有「天龍八部」護持經典。

誰知那主人家更進一步，居然說，《大般若經》說「空性」，因此女巫便說是個空箱了。

由是可知，佛家說「世間極成」，真的有點道理。許多事，當事人根本不必自己做解釋，世人自然會替你解釋得頭頭是道。這就是所謂「極成」了。

扶乩是很典型的「世間極成」。隨便幾句乩詩，可以這樣解也可以那樣解，到事情發生之後，世人自然就會將乩詩作出圓滿的解釋。

不過，彭玉麟的扶乩故事卻有點例外，隨手開方治險症，居然能獲奇效，那便是彭玉麟自己的感應，這感應純出乎自己的一心，並不去「感」當事人一點什麼，所以在方術的層次上，便比較高一級。

如果用現代語言來說，我們可以這樣表達：山陽女巫是靠感應當事人的腦電波，而彭玉麟則高一點，是靠自己腦潛能的發揮。

一切方技，都可以用這兩個原理來解釋，只不過扶乩則表現得更具體一點而已。若超出此兩原理之外，方技便有如騙術。

廣州城頭的馬桶陣

近世紀扶乩的最大笑話，是清末兩廣總督葉名琛，因英兵攻廣州，扶乩問呂祖，結果呂祖指示，將馬桶擺上城頭，即可抵禦英兵的大炮云云。

據說，起初擺這「馬桶陣」時，果然收效了一天，因為英兵用望遠鏡望來，只見城頭擺着一桶桶東西，不知是什麼，因此不敢造次。第二天，試放一炮來看，「馬桶陣」便立時穿崩了。幾個鐘頭就把廣州攻陷，因為城頭除了馬桶之外，更無清兵列陣抵抗。

這一回，可以肯定那乩手毫無感應，只是認為英夷的炮火無非只是「邪術」，破邪術，最傳統的信仰便是用糞便、黑狗血之類去破，因此他便大着膽子，替呂洞賓來出主意。又恰巧碰着個顢頇大吏葉名琛，居然信以為真，結果鬧出一場笑話，成為國恥。他那「不戰不和不守，不死不降不走」的六不，在他自己還以為恪遵呂祖的訓示，「英夷百日必退」，在英國人看起來，則可謂莫名其妙。
所以有些扶乩不只可以害人，簡直還弄到喪權辱國，那便是乩手之過了。

「六一事變」與扶乩

民國初年，廣東的「南天王」陳濟棠，宣布獨立，反抗中央，此即所謂「六一事變」，整件事情也牽涉扶乩，真可謂匪夷所思。對於這件事，現代史家唐德剛先生有第一手資料的敍述。現在，把唐德剛的記述節錄如下——

所謂「六一事變」，跟「西安事變」一樣，都是以「抗日救國」為號召，反對蔣介石「南京中央」的「兵諫」。只不過六一事變是陽謀，西安事變則是陰謀。

搞六一事變的人，是「南天王」陳濟棠跟桂系首腦李宗仁與白崇禧。他們擁兵數十萬，械精餉足，還有飛機數十架，陸空兩軍的力量不遜中央。而當時蔣介石則外憂內患頻仍，既須應付日寇，又要應付紅軍，還要對付學生運動，陳李兩個兩廣頭腦一商議，便決定來一個「陳李濟」，乃於民國二十五年六月一日通電，領兵北上抗日，實際上是去打南京政府。

在事前，陳濟棠曾經扶乩，乩仙降壇，批下「機不可失」，陳濟棠大喜，立刻決定把握時機，以為這樣一來，自己便可以由「南天王」一躍而統治全國了。

結果，七月四日那天，粵軍空軍全部駕機投奔中央。「機」居然「失」了！

接着，粵軍第一軍長余漢謀陣前起義，反陳擁蔣，李漢魂「掛印封金」隻身飛往南京。空軍既失，陸軍亦叛，南天王只好倒台，任蔣介石接收廣州。

這樣一來，人人都說扶乩有靈，只是事前不解「機不可失」之意而已。誰知這件歷史背後，卻還有不為人知的內幕。

影響「六一事變」整件事的，原來是一個名不見經傳的湖南人劉廷芳。他跟當時的湖南省主席何鍵是朋友，但卻從商不從政。

當時的局勢，湖南處於舉足輕重的地位，若湖南附和兩廣，則兩廣便可兵不血刃，直下武漢，再來一次「寧漢分立」，統治半個中國。如果湖南站在中央那邊，那麼，憑其實力亦足以阻兩廣之師。

那時兩廣所恃的是有一個李品仙，他跟何鍵同屬唐生智的舊部，有交情，所以事前李品仙便飛去湖南，跟何鍵有所密謀。何鍵一時決定不下，便找劉廷芳來商議。

劉廷芳也非等閑之輩，美國哥倫比亞大學畢業，回湘主持湖南省銀行。一九三一年在湖南跟蔣介石見過面，且曾設私宴招待蔣氏夫婦，其時劉廷芳才三十一歲，真可謂未到中年已得意，跟古人的「三十封侯」相差不遠。

劉廷芳參與何鍵的密謀，自然力主向中央表態。於是他便親乘水上飛機，由漢口飛南京晉謁蔣介石。以後，蔣介石索性撥了當時的「美齡號」專機給他，讓他僕僕風塵於寧漢之間，替兩邊溝通。這樣一來，就影響到余漢謀了。余漢謀知道，何鍵如果力阻粵軍北上，粵軍便難打下武漢，籌謀一番，終於決定歸附中央，陣前起義──「機不可失」之機，原來是「美齡號」專機。

據劉廷芳自己說，他當時還影響到蔣介石，決定花錢收買粵軍的飛機。劉廷芳自己雖然沒有參加佈置，也不知蔣介石用什麼辦法，總之，飛機是給他收買過來了。

所以劉廷芳實在是中國近代史中的一位關鍵人物。如果沒有他，民國二十五年便可能已經打起「寧漢內戰」。這樣一打，抗日陣營便會自亂陣腳，日本人乘機收買，說不定大漢奸就不是汪精衛。而抗日陣營既亂，歷史便亦可能改寫。

中國五千年來，實在有許多歷史事件，結局可東可西，只繫在當事人的一念。像「六一事變」，如果何鍵不是問計於劉廷芳，或劉廷芳不見知於蔣介石，那麼，劉廷芳就不足以影響歷史，陳濟棠扶出來的乩文「機不可失」，恐怕便又將有別解。

所以我們解釋歷史，往往只能歸諸「氣數」。氣數未盡，便往往由一小事件就可以挽回全局，氣數若盡，則大好形勢也會慢慢蕭條，終於弄到成為亂局。

這些氣數，神仙亦未必知道。蓋神仙云云，充其量只是「靈鬼」而已。

當日替陳濟棠扶乩的乩手，也許真的以為是「機不可失」，看好「陳李濟」，結果乩文卻可生別解，這應該是連神仙都失算的事。尤其是神仙未必知道有劉廷芳也。

巫蠱篇

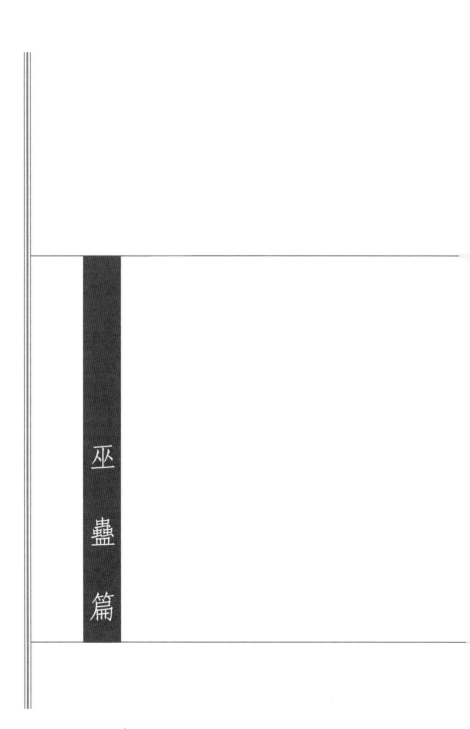

彝族文化與方術的關係

扶乩的意念，當然是來自請神。至於請神，則是古老風俗，正式有歷史文獻可稽，在於夏代。夏代之前，當然亦必有此，大概人類畏懼自然，將自然神化，那時便已有跟神靈溝通的慾望。有些人為了滿足這慾望，結果就成為「巫」這一行業。

在二十世紀，還可以看到夏代女巫的影子，因為我國的西南彝族，即是夏民族的子孫，他們的老祖宗給商民族打敗之後，漸漸便遷徙往雲南、貴州一帶，聚居於金沙江邊。

一向以來，民俗學者沒有太重視彝族文化，只是搜集他們的民間故事，發現他們也有洪水傳說，同時故事中還有一對兄妹，叫做「伏羲」和「女媧」，因此感到大為奇怪而已。

五十年代，王亭之還住在廣州，根據一些資料，寫成一篇《伏羲的葫蘆》，這文章當時頗為一些人注意。那時，王亭之就懷疑彝族文化，其實是很古老的漢文化。

到八十年代，一些漢化了的彝族學者，開始系統研究彝族文化，出版了一套《彝族文化叢書》，才肯定了他們是夏民族的子孫，由此知道「十二獸」紀日的方法，也弄清了「十二生肖」的來源，最有趣的是找出了一些資料，證明古代陰陽家跟道家所承繼的文化，如今還保存在彝族文化之內。

彝族自稱為「羅羅」。大漢族把「羅」字加個「犬」旁，稱之為「玀玀」，侮辱得很。「羅」是什麼呢？原來是彝語中的「虎」，所以「羅羅」也者便即是虎的子孫。

這樣說起來，夏民族的圖騰自然是老虎。他們由中原遷到烏蒙山，還把烏蒙山叫做「敖羅奔」，意思是「祖虎山」，亦即以老虎為自己的遠祖。商民族以鳳為圖騰，周民族以龍為圖騰，夏商周三代，龍虎鳳俱備，實在即是漢文化的主要構成因素。

伏羲其實真的是夏民族的老祖宗。「伏羲」二字，古代的寫法是「虙戲」，兩個字都有「虎頭」，因此足以證明，伏羲這個「先民」，乃虎圖騰的夏族人也。

現在我們還流傳着「祭白虎」的風俗。有些「沖犯太歲」的人（如寅年，凡巳年出生的人便沖太歲，寅年生人則犯太歲），在正月便要祭白虎，即是將一片肥豬肉貼在白虎的嘴上，這個風俗的來源，大概來自夏民族對祖先的崇拜。

如今的彝族，對祭祀祖先還有一套儀式，由「畢摩」（祭師）主持，祭祀得非常隆重，認為可以消災降福。

在儀式中便有一場舞蹈，由披黃衣的祭師戴上虎頭面具來跳。主人家祭之以酒肉，所以祭虎即是祭祖。

彝族的歷法也用虎來計算。他們把一年分為十個月，每月三十六日，是故一年便只有三百六十日。餘下來的日子怎麼辦呢？彝民把這幾天稱之為「過年日」，不算在月份之內。

詩經《七月》中，「七月流火」之後，數到十月就不數了，然後就「一之日」、「二之日」怎樣怎樣。過去解詩的人，怎樣都解不通這些「一之日」是什麼意思。如果知道彝族文化立刻便會明白，十個月過完，便是「過年日」，顯然這些「一之日」之類即是「過年日」也。不懂彝族保留下來的夏文化，便連《詩經》都讀不懂。

彝民每月的三十六日，分別用「白虎」、「小虎」和「黑虎」來計算，每虎管十二日，如初一為白虎頭，初二為白虎耳之類，至十二為「白虎回」；十三則為小虎頭，至二十四為

「小虎回」；二十五為黑虎頭，至三十六日為「黑虎回」。此中最兇的為初四，是日為「白虎口」，所以祭白虎的人，從前必揀正月初四去祭。這個風俗，可以追溯至四千年前，真的令人不敢相信。

白虎和黑虎連結在一起的圖案，原來即是我們視之為非常神秘的「太極圖」。有些人將「太極圖」看成是黑白魚，大誤，是老虎才對。

由此可見彝文化跟方術的關係。

所以中國的原始道教，實在跟伏羲很有關係。大概伏羲時代即有「虎曆」，用白、小、黑虎的頭、耳、眼、口、心、掌、腰、肝、肺、腳、尾來記日，一個月有三十六日，兩個月（七十二日）即為一季，而一年則有五季。這樣就可以解釋曆法跟「五行」的關係。

如今陰陽家將五行分配四季，春配木、夏配火、秋配金、冬配水，都好配，可是土呢？沒法子，只好「散之於四季」，即將立春、立夏、立秋、立冬前的十八日，配之為土。這樣分配十分之勉強。原來夏民族的曆法是一年有五季，因此春夏中秋冬，恰恰就配上木火土金水，而且是相生的關係——春木生夏火、夏火生中土、中土生秋金、秋金生冬水，然後冬水又生春木。

所以比較起來，「夏曆」的確比如今的陰曆較合陰陽家使用。至少，在應用《易經》的場合，用夏曆便要比用陰曆要易於配合。《易》曰：「七日來復」，對這句話，有許多穿鑿附會的解釋，如果知道夏曆，六六三十六日為一月，即是每月可以分為六個「六日」，配合一卦有六爻，那麼到了周代，便會說：第七日即是另一循環的開始——這才是「七日來復」之意。而「先儒」的所有解釋，都無非只是他們一己猜測之詞，而且完全猜錯。

彝族巫師懂下蠱

彝族的祭師管祭祀、禳解、求福，屬於正派，巫師則既能用巫術治病，又能下蠱令人生病，則屬於邪正之間。這些祭、巫之術，應該亦即是夏代的文化。

王亭之見過一次彝族巫師下蠱。中蠱毒的人，是王亭之的族伯，他去雲南做官，退休下來卻不返廣東，仍然跟在雲南娶的妾侍住在雲南，且生有子女。

及到老年，卻忽然想落葉歸根，便只帶一個老僕人返回廣州。回來後才三四個月，就突然患上一個怪病——頭頂生一個瘡，瘡形很像一隻蛤蟆的頭，而且依稀還有眼睛，看起來很恐怖。他自己知道自己的事，認為一定是那雲南妾侍使人落蠱了，心中很不忿氣，認為自己留下半份身家給她，她還要下此毒手。

當時，曾經請過很多術士來醫，包括祝由科在內，都無法醫好，那蛤蟆頭卻愈長愈紅，愈紅愈痛，痛不可當。

有道家認為紅屬火，必須用水來剋，因此日日用咒水來洗，誰知卻愈洗愈紅，簡直紅到像硃砂一樣。

幸而先父紹如公識得三教九流人多，有一個專營雲南普洱茶的朋友，跟彝族巫師很熟，他記起，有巫師曾送給他一根「解蠱針」，因此便拿出來讓那堂伯試。當年王亭之也看過那枚針，只是比頭髮稍粗，長四五寸的一根金針。

解蠱針雖有，卻怎樣使用呢？

先父紹如公他們不知怎樣商量出一個方法，拿着針，往那蛤蟆頭上刺，試試什麼地方痛，什麼地方不痛。後來試到，沿着蛤蟆頭貼肉的地方刺，就不痛，這樣圍着刺了一匝，蛤蟆頭就由紅變白了，於是證明解蠱針有效。

後來據說是刺針之後敷膏藥，當換膏藥時，竟整隻蛤蟆拔出，從此瘡口便結痂平復，後來還長回頭髮。

這一宗事件，說起來真有點嚇人。不過那解蠱針卻亦很神秘，那到底是一根普通金針呢，抑或是經過巫師作法的金針。這便始終成為一個未解之謎。

只有一點可以肯定，彝族巫師下的蠱，大概一般只發「瘍科」的病，即如生瘡之類，因為如果是發內科症，例如腹內生蟲之類，那根金針顯然就不管用。

古人說：「皿蟲」為「蠱」，即是將百蟲之類置於皿中，任其相食，剩下來的蟲便即是蠱。這樣的蠱，藏之以咬人，讓人中毒。這樣一來，當然便是瘍科的症候了。

可是亦有一說，若將蠱蟲焙為灰，用其灰來混入飲食之中，亦可令人治病，那應該便是內科的症候了。

這種下蠱的方法，大概即是夏民族的傳統巫術，不同東南亞那一套。文化不同，連下蠱的形式都會不同。

大馬巫師「下降頭」

關於蠱毒，最神奇者莫如東南亞一帶的「下降頭」。這類降頭，下之無形，病發亦無形，到底是什麼一回事，恐怕如今的科學家實在無法解釋，只能說是病毒或細菌。

然而下降頭的人，可以定出發病之期，例如一個越南妹跟你說：「你三個月不回來，就發病了。」則發病之期一定不會拖到第四個月，是則降頭師是怎樣控制病毒與細菌的發作呢？這顯然很難加以解釋。

若勉強解釋，則如倪匡所云，「他們計算得出細菌與病毒的繁殖率，繁殖到一定程度就會發病。」這其實只是他寫科幻小說的說法，倘若真的要算繁殖率，便須嚴格的控制，試問，又如何能嚴格控制人體中的細菌繁殖呢？

而且，有一些降頭完全與疾病無關，降頭的作用在於控制人的心念，這就不但可怕，更可謂匪夷所思矣。

這種降頭，可謂為高級降頭，舉出實例者為齊桓老大的朋友，在大馬任「上議員」的葉炳。

有一年，齊桓約王亭之遊大馬，葉炳上議員招待。葉炳信佛，但亦信巫術，他帶王亭之去過一巫婆的道場，可謂光怪陸離，滿天神佛，然而王亭之卻注意到，那巫婆所供的一個神位，赫然竟是下茅山的祖師，當時王亭之沒有作聲，隨喜一番，即便離去，但這件事卻給王亭之很深印象。

一次遊怡保，坐着葉上議員的平治車，由吉隆坡出發，沿途在小鎮停站，喝咖啡，吃貴刁，順便欣賞一路的風光，可謂十分舒適。在途中，葉炳便說出一段下心理降頭的故事——

怡保火車站以燒雞馳名，小販拿着燒雞，在火車車廂外兜售，乘客也時時買一隻在旅途中吃，一時成為本地風光。

賣燒雞的小販，有一家很受人注意。媽媽是本地人，長得極醜；爸爸是個洋人，雖然粗衣短褲，骨格卻相當瀟灑，帶着幾個孩子，爬在火車窗框上兜售燒雞，許多人都樂於光顧，因為都知道這家人的背後，有一個二十世紀的巫術故事。

原來這洋人是個法國工程師，公司派他去怡保看工程。離怡保時，在火車站碰到一個女小販邀他買燒雞，他一看那女小販的樣子，覺得噁心，一時不合，竟「呸」一聲吐一篤口水在地上，然後揚長上車。

這一「呸」，便「呸」出了令人意想不到的事端。

卻說，火車已到吉隆坡，那法國公司已派車在火車站相接，誰知那法國工程師只把公事包向接車的人一塞，便什麼也不理，坐回頭車竟向怡保去也。

事出突然，嚇到接車的人不知發生什麼事，只好回公司向上司稟報。

那法國工程師坐火車回到怡保，車一到站，那賣燒雞的女小販已經在等候，人雖醜，也打扮得花枝招展。

那工程師一下車，二話不說，竟然立即向那馬來醜女求婚。當夜就住在她家中，第二天補行婚禮，宴請親友。

第三天，法國公司已派人來尋訪，說他們已經結婚，望望男的，望望女的，真是無論如何都不會相信。男的是大學畢業生，女的是個文盲；男的出身法國，女的是馬來西亞的鄉下女；男的英俊，女的醜陋；更奇怪的是，他們兩人連言語都不溝通。但是，看見他們卻一派相親相愛的樣子，實在莫名其妙。當時極力勸那工程師返回吉隆坡，說好說歹，他就是不肯，說寧願從此終生住在怡保。

公司沒辦法，立即請他的法國家人來，再一齊去怡保勸駕，父母一把鼻涕，一把眼淚，怎樣都說他不服，他不理前途，一於要留在那馬來醜女的身邊。

這應是巫術的關係了，馬來人都說這法國工程師一定是中了「迷魂降」，然後才會對這馬來醜女如此傾心。因為這時在他心目中，這馬來醜女已經是天仙一般的美女。他平時潛意識中一切美人的印象，在這馬來醜女身上都變成現實。也即是說，他已經生活在一個夢一般的世界。

法國工程師既中了迷魂降，法國人只好收拾起他們的科學，向巫術投降，因此便四出向馬來巫師求救。經過詳細打聽，有人曾在火車站看到那法國工程師見到賣燒雞的馬來醜女，曾經「呸」一聲吐過一口口水，所以馬來巫師都肯定，一定是醜女將口水連泥刮回家去施術，只幾個鐘頭，就令到那法國工程師將她當成美女。

可是這些馬來巫師再一打聽，卻人人都拒絕接這宗「解降」的生意。為什麼呢？原來這馬來醜女的出身非同小可，她的父親雖然已經去世，但生前卻是馬來巫師的頭頭，門下弟子甚眾，潛勢力依然很大。因此他女兒下的降，便沒有一個人敢去解。誰肯為一筆酬勞，去跟同行為敵呢。

有些馬來巫師便勸法國人說，只要那法國工程師自己覺得妻子漂亮，婚姻幸福，那就不必由旁人去替他抱不平。

那家法國公司的人，以及那工程師的父母想一想，也真的很對，當事人既然已經生活在夢境之中，就真的不必逼他重回現實生活。當時公司給那工程師一筆錢，便再不干涉他了。父母也只好接受這個醜媳婦。

工程師跟醜女用那筆錢買了一間屋，從此生活下來，兩夫婦依舊在火車站賣燒雞，十多年便已經生下兒女。那法國佬真可謂此鄉樂，樂不思巴黎矣。

古代妓女「厭勝」術

像前述下迷魂降的事，我國古代的妓家亦有，只不過不像馬來醜女的迷魂降那麼厲害，她們稱之為「厭勝」。

相傳妓家皆祀有一神，看起來，神像似關帝，只是左手持刀，不細看，不會看出分別。江南有巫師出售這種神像，同時於神像安坐之日，還要請巫師作法。

神像之下，坐着一大疊手帕。妓女要迷人，先把手帕挾在腋下，跟她要迷的人喝酒，然後找一個機會，讓手帕掉在地上，叫要迷的人替她拾起，再作打情罵俏狀，將手帕朝那人兜頭蓋下，只這麼蓋一蓋，據說此人從此便會對施「厭勝」的妓女傾心，言聽計從，再也離不開她。「厭勝」的效力據說為一百日，所以一百日內，妓女如果還想繼續迷這個人，便又須找機會再施術。

這「厭勝」之術傳出來之後，飲花酒的人，便不肯替妓女拾手帕，亦以被手帕蓋頭為大忌。妓女碰到老嫖客時，便也不肯犯人之忌了。

然而我國妓女的這種迷魂降，顯然只是小兒科，而且恐怕亦只是嫖客間的傳說。若跟大馬怡保那燒雞巫女相比，真的是小巫見大巫。

不過無論如何，迷魂降總不能用病毒和細菌來解釋。即使說是改變人家的腦電波，亦可謂十分牽強。人的腦電波，怎可以由外力完全改變也。

宋代下降頭奇案

宋代的江少虞，記載一件他親身經歷的事，涉及降頭，而且言之鑿鑿。

他在京師任職於中書省時，見到一份奏牘，說及雷州有鄉民為人下降頭而死。其情形如下：

當地有一個巫師，能夠對着一塊熟肉來唸咒，咒一兩時辰，熟肉便會變為生肉，再咒下去，生肉居然能動，動久，肉竟變回為原形，牛肉還原為牛，羊肉還原為羊，當然不似牛羊之大，只是似那塊肉那麼大的一隻牛羊，具體而微。

更奇怪的是，下降頭的人再咒下去，則這隻小牛羊又變回為生肉，再變回為熟肉。將這熟肉給人吃了，其人即便中降頭，降毒發作時，但覺腹中有物在動，恰似《西遊記》中的魔頭，將孫悟空變的蒼蠅吞入肚內，孫悟空在肚內打觔斗、豎旗竿、盪鞦韆，中降的人痛得死去活來，只好向下降頭的人求救。那時，巫師便跟人分身家了，視來人的貧富，開天殺價。如若不跟這巫師交易，過兩三天，中降頭的人便會腹裂而死。

巫師作惡多年，終於為地方官拘捕。在嚴刑催逼下，巫師且當庭作表演。當時且曾詳細記錄其咒語，卻無非「東方王母桃，西方王母桃」兩句，旁人同樣誦這咒語，則一點都不生效。

——這宗案件，於宋代被視為奇案，當時的道家極力否認巫師所用的是道術。

華巫巫師大鬥法

雷州於古代為南蠻之地，又有傜人聚居，因此流傳古代的巫術並不奇怪。曾有一馬來巫師告訴王亭之：東南亞一帶的巫術，其實都有中國古代巫術的成分，只不過加上土著的傳統巫術，因而便分成兩大派，一派流行於越南緬甸一帶，一派流行於馬來西亞及印尼。

如今看江少虞所記的宋代故事，則此巫師之言應該亦有根據。再說，前文提到王亭之曾於一大馬女巫家，見到她居然供奉下茅山祖師的牌位，那就更可猜測，他們的巫術實有中國巫術的成分。中國巫師有盤踞於中原者，則其巫術便比較文明，或者滲透了道家的成分。若於古代即移往西南一帶，那便成為西南少數民族的巫術。

這西南一帶的巫術，再向南移，便影響了越南緬甸，向東移入福建，再移海外，便影響了大馬以及印尼。

但是，中國的巫術雖移入海外，卻亦分門分派，有些門派，保存中國巫術的成分多一些，有些門派，則基本上是以土著巫術為主，因此無論越南抑或大馬，都有兩派巫師對立，當地居民久不久便會說有兩派巫師鬥法。有一年王亭之遊大馬，便恭逢其盛，據說是巫人巫師跟華人巫師爭地頭云。

這場鬥法，鬥了三個月，王亭之但見其尾聲。

那次巫師鬥法，據說先由大馬巫族巫師挑釁。原來大馬巫師亦分地盤，依一般慣例，巫人聚居之地，是巫族巫師的勢力範圍，而華人巫師則只管華人聚居之處。百多年來，這情形一向相安無事。

但問題在於華人愈來愈有錢，所住的地區亦愈佔愈大，而且不斷遷移，成為新的豪宅所在區。這些地區本來屬於巫族巫師的地盤，漸漸卻為華人巫師佔領。這樣一來，就引起了紛爭。

巫人巫師說，華人豪宅的地盤原來是他們的，所以一切吉凶法事都應該由他們做。華人巫師卻說，華人的法事儀式，你們怎懂得做？巫人巫師說：那麼，你們每做一場法事，便要給我們一些回扣。華人巫師卻說：沒有理由。依照傳統，只有當華人巫師越區去替巫人做法事時，才要給巫人巫師以回扣。現在是在華人新區替華人做法事，所以沒有理由給回扣。

這樣一爭論，便釀成一件大鬥法了。

據說，雙方各出動了數十名巫師集體作法，鬥法期間，許多華人都不敢在家裏住，連家中的寵物都要搬家，只留下一些傭人在看屋。

不但這樣，每家還要向雙方巫師買「平安符」，人人各佩一張，大門口、後門亦貼兩方巫師的符籙各一張。而且有效期只二十一日。

王亭之有一友人住在鬥法區內，他們一家則已移居酒店。但關於鬥法的消息，則不斷有人用電話告訴他們。

據說，大馬巫族巫師先動手，扭斷幾頭雞的頸，然後作法，在華人豪宅區下一場血雨，留在家中看屋的傭人說，如果沒有貼上巫族巫師平安符的住宅，都給血雨淋過，貼上的，便連門前馬路都沒有血雨。

然後輪到華人巫師還手，他們劏了一頭黑狗、一頭白狗作法，將老鼠往巫人住宅區趕。據說，在華人豪宅區山下的巫人家中，老鼠愈來愈多，連白天都出動，有些老人及小孩還給老鼠咬傷。

王亭之問，這些傳說會不會是穿鑿附會，朋友說，寧可信其有，不可信其無。反正住酒店也所花不多，還是避地為良。

這時候，恰巧他的太太要回家拿一點東西，朋友不許，王亭之好奇，便自告奮勇說要陪她同往。朋友還猶疑，王亭之拍心口說：「我學密宗，一樣懂唸咒，有我保護，你還怕什麼！」朋友聽說，才肯開車回家。

一回到家中，朋友氣到七竅生煙，家中的馬來妹，竟夥同一群人在開家庭舞會，把客廳及大堂弄到亂七八糟。再看看後園，還有人在游泳池游水。這伙人見主人突然回來，擾攘一番然後才散去。

王亭之這時去看看「平安符」。華人巫師那一張，無非是黃紙硃砂符，至於巫族巫師，則用一張黃紙包裹着一枝樹枝，樹枝有棘。王亭之對此大感興趣，因為依王亭之所見所聞，一切原始巫術於作法事時，都喜歡依法用帶荊棘的樹枝來佈壇，傜族如是，彝族如是，連夷島巫師都用帶刺的鯊魚骨，同樣有荊棘的意味。

於一干人走了之後，主人十分尷尬，幾個女傭都有參加舞會，總不好將她們完全辭退，告誡一番便準備離去。還是王亭之慫恿，叫主人問問她們，這幾天發生了什麼事，那幾個女傭才結結巴巴說，聽說華人巫師死了兩個人，巫族巫師也死了兩個人，他們正準備和解。

又有一個女傭說，隔壁人家養的雞，一夜之間突然全部死去。所以她們才把那些雞拿來「巴巴橋」，順便請朋友來吃，這便是解釋當夜開派對的原因了。王亭之不耐煩，催朋友夫婦走。在車上，王亭之覺得疑點重重，很可能是華巫兩族巫師聯手斂財之舉。因為光是出賣「平安符」，應該其數已極可觀。

但朋友卻說可能不是，因為有巫師死亡，一定會出殯，這樣的事不能騙人。然則，那些女傭何以又敢吃中巫術而死的雞呢？朋友只說她們窮人大膽。

後來王亭之回到香港，心思思，打電話查問鬥法的結果。朋友說，已經無事了，兩派巫師果然和解，便是所有法事要加兩成錢，這兩成，由華人巫師用來捐獻給巫人巫師的組織。

王亭之聞言大笑，說由此可以證明鬥法是一場把戲。但朋友卻說不是，因為真的有巫師出喪，出喪場面還很熱鬧，大家都表演法術。巫族巫師表演走刀山，華人巫師表演走火路。當日來看的人萬人空巷。

王亭之說，怎麼知道不是湊巧，兩派都有巫師死亡，他們便乘機做張做致呢？朋友說，應該不會那麼湊巧。他還說，有些不信巫師鬥法的人，家中真的有人生病，看醫生醫不好，終於還是請巫族巫師作法，病才痊癒。因為作法等於下降頭云云。

對這件鬥法的事，王亭之始終覺得極為可疑，但既無法證實其為作弊，也便只好存疑。及至近來，卻聽到一位大馬徒弟說，他小時候，也見過鬥法的事，家裏的人很緊張，未天黑便將晾在屋外的衣裳收回家中，一入夜便不敢出外。後來據說是華人巫師鬥贏，不過贏完鬥法，巫師頭領卻生一場大病。

這樣說起來，鬥法便是時時發生的事了，至於真真假假，只能說是信則有，不信則無。但下降頭則可能是真有其事，目前的科學對此根本無法解釋。

夷島下降頭的故事

王亭之居夷島時，碰過兩件下降頭的事。第一件耳聞，第二件目睹。如今先說第一件。

有一家人，是華人跟夏威夷土著的混血。這情形在夷島很普遍，因為曾經有過一段時期，當地政府禁止華裔婦女入境，所以那些華工便只能跟土著通婚。據說，土著都喜歡華人，其次是日本人，最受鄙視的是葡萄牙人，因此夷島的笑話，都以葡萄牙人為取笑的對象。

有一個笑話說——一個中國人、一個日本人、一個葡萄牙人一齊去沙漠旅行。中國人帶一把傘，日本人帶一把扇，葡萄牙人卻托一隻汽車門去。中國人跟日本人問他，帶這麼重的東西去幹什麼，葡萄牙人說：「天氣熱，我可以將汽車的玻璃攪低，那就涼爽了。」

又一個故事，也是三個國籍的人去沙漠旅行，中國人帶一個水杓，日本人帶一個指南針。在沙漠中，兩樣東西都有用，特別是水杓，因為有些沙漠綠洲的水很淺，人如果跳下去喝水又爬不上來，因為綠洲的沙岸很鬆，用水杓就可以取到水，至於指南針當然更有用。於是中國人跟日本人便問那葡萄牙人道：「我們都帶來了有用的東西，你到底帶什麼來？」葡萄牙人答道：「我帶來一張地圖。」那兩人聽見，十分歡喜，叫他拿出來看。葡萄牙人於是把地圖拿出，原來是一張沙紙。

王亭之說這兩個夷島土著歧視葡萄牙人的笑話，不是閑話，因為下降頭的事，便跟此有關。原來，夷島土著也有跟葡萄牙人通婚的，但同樣是混血，卻往往受到鄙視。

給下降頭這家人，因為是混華人的血，所以便瞧不起混葡萄牙人血的鄰居了，是故日久已然生怨。後來不知為什麼事，兩家主婦大吵了一場，從此不相往來，隔了幾個月，混葡萄牙血那家人便賣掉房子，搬走了。

說也奇怪，自從那家人搬走之後，那混華人血的一家，便老少輪流生病了。後來那家人的主婦還患上了癌症。

因為覺得事情奇怪，他們便去找夷島的巫師請教，那女巫作法之後，對他們說，從主人房門角的方向往下掘，應該會掘到點東西。那家人於是立刻發掘，掘到土深兩呎左右，赫然發現有一根鯊魚骨。

這根鯊魚骨來得很奇怪，因為它剛剛貼着一根木樁。按道理，當日蓋房子的時候，照道理應該掘土埋樁，那就沒理由不發現這根鯊魚骨。如果說是事後給人埋下去，這般與工動作的事，一定會給屋裏頭的人發現。

照夷島土人的說法，這便是練鯊魚功巫師的降頭，這派巫師專以下降解降謀生，據說法力十分詭異。

王亭之對於有關巫術的事，自然不會不追查，過了幾個月，便打聽這家人起出鯊魚骨之後，情形怎麼樣。說來真的不信，那家人的主婦，癌症居然痊癒。為了求證，王亭之還到他們開的雪糕店吃了一杯雪糕，只見那主婦果然精神爽利，毫無病態。

所謂下降頭，從來沒聽過會令人生癌，因為在降頭時代，根本無所謂癌症。不過，也許那時有癌症亦不奇怪，只是人們不知道這種絕症就叫癌症。

此外，還有一件很奇怪的事。有一個專研究夷島巫術的美國人，翻譯了一本《夷島巫醫手冊》，那是一百年前一個男巫遺下的診病紀錄。

據介紹，那男巫當時是夷島最著名的巫醫，那本手冊也等於是病歷冊。每一頁，畫上一個人形，用符號來記錄病人的病況，例如在心臟點一點黑點，便代表心痛；假如畫一顆星，便代表心跳，諸如此類，記錄得很詳盡。

每頁手冊還有處方，所用的大部分是夷島植物，分根莖葉使用。許多處方都用糖，但卻有蔗糖與蜂蜜之分。

據那個美國人說，其中有兩個病例即是癌症，一個胃癌，一個肺癌，根據手冊記錄，治了一年，便已經將病情控制。

南美亦有降頭術

另外一件下降頭的故事，則是王亭之所親歷。被下降頭的人，從南美來夷島，是位廚師。他來夷島後，結婚生子，事業穩定，因此就不再回南美。王亭之姑且將此人稱為老李。

老李突然患上一個怪病，好像沒有什麼事，只是終日癡癡呆呆，偶然感覺到頭暈。去看西醫，醫生說沒有病，看中醫，則說是「有風」，醫了一兩個月，病總醫不好。

也是合該有事，有一次王亭之忽然去一家不常去的茶樓飲茶，見到老李面色和眼神都不對，問起來，知道不是生病那麼簡單。因此便約定到他家裏去坐。

至黃昏時，誼女荷蘭豆車王亭之到老李家，一到，便覺得後園有點不妥，便問他們，那個放水桶的地方到底有什麼東西。

老李的老婆見問，面色大變。她說，那裏原來有一棵桔樹，一向好好，不知為什麼在幾個月前突然枯萎，因此便把樹截斷。她不想樹再生長，使用一個膠水桶來將樹幹的斷口蓋住。

王亭之好奇，便建議她不如請人將樹根也掘起，如果掘到什麼東西，則留下來看看。那時，王亭之過一天便要去三藩市，預算去一個星期左右。

當下約定，王亭之便如期動身了。及至回來一問情況，幾乎給他們氣死。

話說老李那家人挖掘枯樹，一下鋤就挖到一塊石頭，十足十一個腦的樣子，只是體積比較小。他們覺得沒有理由，因為當初掘地種桔樹時，掘洞掘得相當深，假如有這麼大一塊石頭的話，一定已經掘出來。種樹之後填泥，那些泥是一包包買回來的肥土，當然更不應該有石塊。

那麼，是什麼的一回事呢？

只是那塊石頭，王亭之卻沒見到。因為他們害怕，便將石頭放在一個垃圾袋裏，放在門邊。誰知夷島的倒垃圾工人卻好手尾，見到垃圾袋便拿走，是故那塊石頭就失掉了。

石頭失去，他們不以為意，結果就發生大事。老李終於要急診入醫院，一檢查，便送去做腦電波掃描，醫生決定要開刀。他們跟王亭之商量，王亭之主張聽醫生吩咐，可是他們卻說，醫生只有三成把握，因為瘤腫的面積太大。醫生奇怪，這麼大的瘤至少已生長了三四年，沒理由最近幾個月才發現症候。

那時候，老李支開老婆，偷偷告訴王亭之，原來他當年在南美跟一個土女同居，後來移居夷島，便沒理那土女。

大概半年前，那土女的姐姐忽然來夷島旅行，打聽到他的餐廳，便約出來喝杯咖啡，大家見過一次面，也就算了，不料從此他就覺得自己有點不妥，接着，後園的桔樹便枯萎了。

王亭之聽老李說罷，告訴他，他的瘤腫的確有古怪，可是卻亦實在應該聽醫生吩咐。當時便跟他占一枝「梅花易數」，依據卦象，應該是有驚無險。

老李開刀動手術，腦骨剖開，醫生卻認為不適宜割，因為情況跟原先估計不同。

那天晚上，老李卻忽然休克。醫生為了急救，在他的家人同意下，再將腦骨揭開。這一回，奇迹出現了，照老李的太太說，醫生告訴她，老李的腦瘤破裂，簡直可以用匙羹去將裏頭的膿血取出來。這真是莫名其妙的事，因為沒有理由情況會變化得這般快，中午時還是完整的一個瘤，蓋着三分一大腦，到晚上卻會自動裂膿，就像一個瘡破開一樣。

第二次手術之後，老李的命算是撿回來了。醫生估計他會殘廢，自動發給他傷殘人士的泊車證。

出院時，老李真的要扶着拐杖，可是不到兩個月，他卻神奇地行動如常，連醫生都奇怪他能康復得這麼快。他的兩位妻舅，聽醫生意見，都認為老李斷必終生殘廢，對王亭之說，與其殘廢，倒不如讓他「聽其自然」好過，言下頗有抱怨之意，後來見老李康復，才肯請王亭之飲茶。那時王亭之已有意離開夷島。

老李這件事，花了一筆錢，不過卻不是給王亭之，而是給一位「大師」。原來當老李的瘤腫未發作之前，有一個被捧為氣功大師的人，恰來夷島「發功治病」。老李的老婆跟主事人接洽，三千番餅包醫，先付二千。

結果老李讓「大師」發過兩次功，「大師」便說病已治好。那幾天，老李沒有頭暈，他的太太便找清尾數，千多得萬多謝了。後來突然病發，弄到要動手術，老李的太太找主事人交涉，對方當然左推右搪。及至事情拖了一個月，老李逃出鬼門關了，那主事人不但不肯還錢，還想再拿酬金，理由是，「大師」跟老李「遙遠發功」十次，所以才把他的病醫好，因此理應要加倍報酬。

老李太太說：「老李未出院時，又不見你來跟我聯絡，說大師遙遠發功？」

你猜對方怎樣說？居於可以這樣回答：「事先說出來就不靈了。」這是什麼話哪，分明一直打響「發功治病」的招牌，而且一直招攬「遙遠發功」的生意，又怎能說「先說出來就不靈」呢？

然而這事後的交涉，「大師」應該不知底細，說公道話，這完全是那當事人的「隨機應變」。

但過分炫耀便有這般後遺症。國內如今監管異能活動，即跟這種過分炫耀有關。王亭之的苦口婆心，反而給喜炫耀的人懷恨在心。

且說那個腦生瘤腫的老李，他中的當然是南美的降頭，而且降頭模式跟夷島巫師的「鯊魚功」無異，都是在受害人家中的地底，多了一點什麼東西，這顯然便不是南洋一帶的降頭模式。

夷島愛瑪皇后的故事

王亭之對夷島的降頭實在很感興趣。因為它等於將蠱術與下茅山的「搬運法」結合起來，如若不然，怎能解釋屋基下的鯊魚骨、桔樹下的石塊呢？

在夷島，有一家「愛瑪皇后夏宮」，為旅遊點之一，不過一般遊客卻很少去。「夏宮」中有一個部門，專門出售有關夷島歷史與掌故的書籍，王亭之便去那裏找關於夷島巫師巫術的資料，赫然發現，原來連愛瑪皇后都曾經給巫術害過，這事件，甚至可以說影響到夷島的命運——沒有這巫蠱事件，夷島可能已經屬於英國，再不是美國的一州。

原來夷島一共有七個族裔，分居七個島，大概二百年前，由一個叫做「卡美夏美霞」的人統一了七島，從此建立了王國。他們這個王族講究「血統純粹」，所以規定要以近親通婚，三四代下來，國王的樣子便有點似「唐氏綜合病」的患者。其中第三代國王本來愛上了一白種女子，這女子便是夷島歷史上有名的愛瑪皇后了。她喜歡夷島風光，她的外祖父便送了一間房子給她，這房子，便即是後來的「夏宮」。

愛瑪成為皇后之後，打破了夷島王族的成規，王族中人自然認為是不得了的大事，血統給搞亂，而且還混的是白人的血，怎麼可以！因此他們便聯手對付愛瑪；詳情如何，不得而知，反正此中一定有許多宮闈秘史。宮庭鬥爭的結果，是愛瑪皇后要長期住在她做女時的那間屋，美其名曰夏宮云。

王亭之去夏宮遊覽過，樓高兩層，樓上三間房只得一間廁所連浴室，兩層面積合起來勉強算二千方呎，做平民住宅還不算太寒酸，稱為「夏宮」，便有悲涼之感。稍可告慰者只是周圍草地甚廣，花木扶疏而已。

在夏宮中，愛瑪皇后懷孕，英國人立刻加以保護，於是順利誕下一個王子。維多利亞女王聞訊，立刻遣使致賀，而且還主動做了小王子的教母。這樣一來，夷島王族緊張可知，豈不是將來國王會有一半白人血統，這還了得！當時國王自然受到很大壓力。幸而當時夷島的英國勢力已強，傳教士加上火槍，國王算是得到保護，暫告相安無事。

只是過了幾個月，那混血小王子卻忽然生病，出動幾名英國醫生去看，愈看病情愈重，過兩個月，小王子便夭折了。再過一年，連國王都去世。愛瑪皇后那時才二十五、六歲，從此便寡居夏宮，跟幾個牛高馬大的夷女為伴。

據夷島史家猜測，混血小王子是給人害死的。不過下毒的可能性卻很小，因為愛瑪皇后自己餵奶，而且就在自己的臥室安放一張小木床，母子同居一室。

那張小木床如今還在夏宮展覽，雕的花很粗，花紋為夷島土人圖案，但據說當時竟化了一百大元，這就正像乾隆皇吃雞蛋，一碟三千兩白銀。

夷島史家懷疑，問題就出在那張小木床之上，因為木床的圖案可能有巫師的咒語，所以小王子睡在那床上，幾個月就生病，病發後還繼續睡那張木床，因此便頻頻轉症，終於全身潰爛而死，當時的英國醫生還以為是出天花。至於那位國王，卻是中毒而死的。史家懷疑，下毒的人是國王的弟弟，因為他的樣子有點像白痴，很容易使受人唆擺。

這一段夷島宮廷公案，再沒有真相大白的一日。時至今日，夷島一些女人只好搞一個組織，維持「愛瑪皇后夏宮」做遊覽點，盡量保持當日夏宮的陳設，在夏宮旁邊建一間屋來做辦事處兼小賣部，算是對愛瑪皇后的懷念。島人一致認為，假若這小王子能長大繼承王位，夷島就會像印度和馬來西亞，受英國保護，美國人便不可能在那裏設軍港。

時至今日，便依然獨立，很可能成為香港人的集中地。

對一張小木床下巫術，是否就可以令睡這床的嬰兒生病，這真是一個很有趣的問題。

據一本專門研究夷島巫術的書說，於英國勢力初在夷島膨脹時期，他們的嬰兒死亡率十分高，約為百分之三十五，令到當時的英國醫生十分頭痛。可是土人的嬰孩，卻粗生粗長，死亡率不見得高。如果說細菌感染，這當然說不過去，因此當時的英國醫生只好懷疑，夷島有些細菌，土人嬰孩可以免疫，而他們的嬰孩則不能。所以當時的英國人，只要有點錢，妻子一懷孕就送她回英國。

但是，夷島的葡萄牙人也是白人，然而他們的嬰兒卻平安無事，這便令到英國的醫生大惑不解。再查查日本人，嬰兒的死亡率亦很低，這就更加為事件增加了神秘色彩。

那本書的作者，便說問題是出在嬰兒臥床之上。當時夷島出產的檀香木嬰兒床，很受英國人歡迎，然而因為售價高，所以葡萄牙人跟日本人便買不起。死亡率高，相信跟使用這種床有關係。

然則檀香木是否會令嬰孩發病呢？當然不是，中國人、日本人以及土人都燒檀香，總不見他們有事，所以便懷疑是夷島巫師下手腳，在這種英國人喜歡用的嬰兒床上下降頭，只是當時的英國人不信邪而已。

英國人在夷島的確下了不少工夫，光是其中一位主教，便是全夷島的最大地主。至今為止，所擁有的地依然比州政府還要多。他們要成立一個委員會來管理土地產業，每位委員任期四年，年薪五十萬美金，任滿後贈送房屋一間，待遇真的比美國總統還要好。由此可知此機構土地入息之豐。

那些土地是怎樣買回來的呢？據說，兩箱啤酒就可以換一畝地。加上土人好賭，他們兩個人在咖啡室都可以賭，拿一張一元美鈔出來，估號碼單雙，估中便可以將鈔票拿走，估不中便賠莊家一元。所以他們一出糧，喝兩晚咖啡便可以將一星期的收入輸掉。

由是當時便有些華人跟日本人設賭局，這也對主教買地提供了不少便利。

這樣下來，自然就種出仇恨，說夷人巫師對英國人喜歡買的嬰兒床下手腳，至少有原因上的根據，非盡無稽之談也。

時至今日，島上北部土人區，還有很深的種族歧視，島上投訴歧視，百分之八十是白種人，而夷島卻偏偏是美國的一州，這真可以說是不可思議的事。然而至今為止，土人還將白人叫做「考哩」，土語即是「外來人」之意，但華人日人雖屬外來，卻不叫做「考哩」。由此即可知土人的種族成見也矣。

那本研究夷島巫術的書還說，當時華人日人跟土女通婚，生下嬰兒，偶然也會買檀木嬰兒床，可是嬰兒一旦生病，老輩土人便會教嬰兒的父母，立即將嬰兒床破掉焚燒，這樣一做，嬰兒的病就好了。

當時島上的英國人，特別是傳教士，打死都不信這一套，還說這些是黃種人迷信。但現在研究起來，似乎便有道理了，更加可以作為在嬰兒床下降頭的旁證。

書上又說，正因為這樣的原因，以致弄到島上的華人日人不喜歡檀香木。本來國法規定，斬一株老樹要種回一株樹苗，可是樹苗卻沒有人去保護，所以才令到夷島有「檀香山」之名，如今卻連一株檀香樹都沒有。檀木本來被視為神聖之木，落得如此下場，實不可解。但假如事件牽涉到巫術，那卻又變成可以解釋了。

不過王亭之曾經問過一位夷島女巫，有沒有可能在一件傢具上落降，那女巫卻說不可能，除非設法弄到傢具使用人的血。

照這樣說，便否定了那書中的說法了。可是當王亭之拿出那本書給她看時，女巫卻又支支吾吾，說要再研究一下了。後來王亭之還見過她一面，只可惜在公眾場合，不便追問，是故對於在嬰兒床落降頭一事，便只好姑妄聽之、姑妄言之而已，不敢下結論。

大馬的毀容降

至於南洋一帶的蠱術，王亭之有一個女徒，曾經領過招。

她到底跟什麼人結怨，王亭之始終有疑，據她說，是吃了人家的月餅就出事。第二天起床一照鏡，嚇一餐死，但見滿臉金粉，每個毛孔都給一粒金粉堵住。連忙用手去擦，擦不掉。

香港的女人有一派，絕對不用水洗臉，什麼膏，什麼「撈純」，逐隻塗在臉上，塗完十種八種，就叫做洗過臉了。

這個女徒便是屬於此派，所以她每次來見王亭之，王亭之總未見過她的真面。

當時，她便連箱底的罌罌罐罐都抄出來，用來洗臉也矣。但沒一隻可以將臉上的金粉洗掉。

這時候她就記起師父了。不過她腦筋靈活，到底算是吃金融飯的人，心知若打電話過夷島找王亭之，告知實況，王亭之必問：為什麼不用番梘同水洗面？這時便賺得鬧餐死。於是才肯破戒，用跟她前世有仇的肥皂來擦面。擦畢沖妥，再照鏡，金粉淡了少少。看看錶，知道是夷島的晚飯時間，同時知道因王亭婆怕煮飯之故，王亭之每晚必出外用膳，這時若找王亭之必找不到，因此再狠狠擦一次面，濃濃地塗上胭脂水粉，勉強將毛孔的金粉掩住，就出門上班去矣。蓋此際她實在未肯定是降頭作怪也。

上班之後自然頻頻照鏡，照到下午，這回死矣，蓋臉上毛孔的金粉又再加濃，金粉加上水粉，大概還有汗水，總之，她幾乎想自殺。這就不得不找王亭之救命。

電話打到夷島，王亭之問明情況，覺得奇怪，但卻懷疑她是化妝品用得雜，引起化學反應之故。

王亭之當年讀過少少化學，總覺得女人是將自己的臉面當成試管，放點這放點那上去，臉上佈滿化學品，特別是毛孔，日子有功，定必引起化學變化。尤其是那些久不久就換名牌化妝品的女人，信不信由你，王亭之總覺得她們特別容易老。

當時姑且信她一半，便叫她唸百字明，後用咒水洗臉。

現在已記不清，她到底當時就躲在「泡打窿」去搽臉，還是打道回府去搽臉也矣。總之第二天再打電話來時，說是百字明的咒水有用，王亭之便不再把事情放在心上，只教訓她，臉是生出來用水洗者，逛少點化妝部，個人就會自然好多。

誰知再過一兩日，電話又打過來了，一聽，那邊的聲音簡直似一滴一滴眼淚，原來塊臉又出事，在下巴長出一個公仔，十足十公仔麵的商標，一頭四肢，成個「大」字。紅色，很清楚。

王亭之在電話那邊，叫女徒總要定。也是事有湊巧，那時恰好有一個徒弟來謁王亭之，第二天便回香港，聞知師姐中降頭，便說他認識國內一位高人，專門解降，且待他回港便帶師姐向高人求救。王亭之好奇，自然說好。

過兩天，電話來矣，說降頭果然解去，下巴上已不再替公仔麵賣廣告矣。王亭之問那國內高人如何解降？則云，叫她坐好，在她背後放一盆水，然後燒符，紙灰落在水盆之內，用藥棉蘸那盆水替她抹，又再在她背後念咒，良久，然後拿一把剪刀，憑空一剪，那就法術完畢。第二天照鏡，果然平安無事。

以後大概有一個月左右，總之記得這女徒頻頻出事，照她的說法，是解完一降又一降，而且一入屋就精神恍惚。詳細情形如何，王亭之已不記得了，只記得凡電話響，就幾乎聽見她那把聲。王亭之嫌煩，便叫她在屋內掛起一個密宗咒輪，且看反應如何。

後來又來電話，咒輪掛起之後，屋內無事矣，只是一出門就覺眼前一黑，於是又再出事。凡出事，一定是臉上出花樣，依她的講法，真是千變萬化，總而言之，等於有人在她臉上畫畫，畫完一幅又一幅。據說此名為「毀容降」云。

那女徒出事，最高興的不是下毀容降的人，而是王亭之的心肝寶貝樨樨。她一聽見人家塊面給人當成黑板，就不住打聽。

女徒面上又替公仔麵賣廣告，不只此也，那公仔的頭還會動。清晨，頭側在右邊，慢慢側，到中午，公仔頭就正了。然後那個頭又慢慢向左側。樨樨好開心，曰：「不用戴手錶矣，想知道時間，在手袋拿塊鏡出來一照，就知道是幾點鐘。」

王亭之那時只聽稟報，未有過問此事，因為有那國內高人在打理，王亭之便樂得清閑。

可是一問，高人卻已回了國內，未知何時才雲遊香港。高人在香港有徒弟，只是卻似乎對付不了這個公仔。

王亭婆於是出主意，叫那女徒夫婦來夷島。那兩天，樨樨十分開心，專心等着看那會報時的公仔。及至女徒來到，王亭之一看，嗟！哪裏有她自己說得那麼大件事，那個公仔淡淡的，用粉遮起來，不仔細看就不大覺，還會以為只是暗瘡疤。

如果是王亭之自己，根本就不會理它，毀容云乎哉。

於是王亭之遂為她修法，她自覺有一股黑氣由肚臍飄出來，飄出窗外，事情就了結矣。

王亭之細問結怨的經過，無非只是小事一件，只是對方是南洋人，所以便生事矣，當下一笑置之，叫她們住兩天才走。

誰知，她回到港之後，平安了一頭半個月，不知如何，又來矣。還不湊巧的是，她剛好碰着要出差，所以在出差前一晚，便打電話給王亭之求救。王亭之說，你上飛機都可以修法，怕什麼。

過兩天，電話來稟告，說又沒有事了，她在飛機上修法，又見肚臍飄出黑氣，那就平安無事。王亭之便叫她繼續再修幾日。

從此之後，已經過了四五年，電話沒有來過。王亭之九三年返港，見過她一次，臉上紅白如故，問她，則說「暫時無事」——證明她始終擔心有事。所以時至今日，那毀容降的當事人還在香港。

後來湊巧有一個馬來西亞人來夷島，此人諸多百寶，尤樂於說降頭故事，王亭之當時便問他，到底有沒有毀容降？

那人說：當地的巫師沒有這個叫法。但照所述的情形來看，卻無非只是小降頭而已。因為巫師替人下降，一般也要問清恩怨，倘如覺得對方並無大過，那便下點小降頭來嚇嚇人。這些降不會要命，但卻可以令人終身為之不安，不過中降的人習慣了，也就慢慢不以為意。

王亭之問：那為什麼前後變化七八次呢？

那人說：巫師作法時會感應到自己下的降，有沒有發生作用，如果感應到沒有，那就會變招，所以才會變成在人家臉上畫七八次不同的圖畫。但是照情形來看，後來卻似乎激怒了那巫師，所以才弄一個頭顱會動的公仔，那就是大降頭了。

王亭之問：照你猜，那巫師會不會再來報復呢？因為當事人始終有此擔心。

那人說：應該再不會了。巫師下降以九次為限，若已下過九次，當事人都無事，他們就不會再施術，否則即為不祥。那是他們的師門禁忌，從來沒人敢違犯。

這倒也可以算是很厚道的做法，否則糾纏不休，何必呢。

降頭真相始終是謎

降頭之術，雖知它來源甚古，所謂巫蠱，大概至少已有了三四千年，可是卻似乎愈古老的文化才愈能孕育這種邪術，此真令人不可解也。

如果說是用病毒或細菌殺人，目前我們的科學肯定還未能這樣精確地培養菌毒，要幾時病發就幾時病發；如果說是用精神來殺人，我們的心理學家顯然更瞠乎其後。那麼，有什麼理由說三四千年前，甚至五六千年前，那時的巫師已經比現代的病毒學家、細菌學家、心理學家、精神病學家都先進呢？

還有更神秘的一點是，傳說下降頭的人，倘如下的是毒手，那麼當一旦施術不靈時，施術的人自己便會反而受害。所以不施術則已，一施術，定必糾纏不休。因此馬來西亞的巫師才有九次下蠱的禁戒。

在我們看來，九次已經夠香口膠了，可是在他們看來，大概覺得已經厚道。因為他們自己畢竟已經受損。寧受損都有節制，尚不厚道耶？

倘如用現代科學來解釋，這亦顯然是解釋不通的事。

病毒細菌若不能取人命，斷沒有可能萬里遙遙，返回培養菌毒的地方，去令培養者生病。用精神跟心理來解釋則稍通，或可解釋為精神心理的反擊。

可是，明末廣東才人鄺露的故事，卻恐怕連精神反擊都不能解釋。

明末鄺露苗疆的故事

明代末年天下大亂，廣東卻還太平，鄺露名士風流不問世事，便遊山玩水，於是暢遊粵西粵南一帶。著有《赤雅》一書，其中多有關西南少數民族的掌故。

他深入苗疆，只携劍一把、詩數卷、琴一具。這具琴卻非凡品，乃唐代教坊雷大使親手所製，名為「綠綺臺」。一向以來，被視為琴中的神品。

鄺露去到苗疆，卻住下來，以教熟苗子弟詩書為生。原來廣西的苗人亦分兩種，曰生苗、熟苗。其中的熟苗則已經漢化，不但操漢人語，而且讀漢人書，衣冠文物皆類漢人，唯一分別便只是尾閭骨突出，說是他們祖先猴子的尾巴，熟苗在漢人面前，僅以此為忌諱耳。

熟苗少通文墨的人，通文墨的漢人亦很少肯住苗疆，是故鄺露來到，苗人便集資設教館，請他教子弟詩書，那鄺露懷着一肚皮才情學問，不為世用，早已牢騷滿腹，蕭然有遁世之志，也樂得在苗疆住下來。

也是合該有事，事情就出在那具綠綺臺琴之上。鄺老師教苗家子弟，三幾個時辰就打發清楚，閑着無聊，便時時携着琴遊山玩水，在山明水秀的地方，撫琴遣悶。

卻沒想到，偏偏就在這窮荒異域，竟然會碰到知音。這知音，便是當日苗王的女兒，苗疆公主。

二人情深，真可謂男才女貌，當時山水之間自然留下許多風流逸事。苗王便索性招鄺露為駙馬。在鄺露當時來說，可能已打算在苗疆就此終老。

誰知販鹽的漢人商販，卻帶來訊息，說崇禎帝縊死煤山，李自成自稱大順王。接着又傳來消息，吳三桂引清兵入關，南明小朝廷已退到廣東。鄺露這時，如果不是忠肝義膽的話，大可以付諸一嘆，頂多寫幾篇詩來抒發一下，長住苗疆，自然依舊可以過承平的日子。他卻不然，立時為民族大義所激，便決志返回廣東，跟幾個好朋友扶助小朝廷。

他便對苗疆公主說，廣東將有大亂，他要回家，將母親兄弟等帶來苗疆避亂。那公主賢淑，當下也答應了，只叫他將綠綺臺琴留下。當時他若肯聽公主的話，這具名琴恐怕便還能傳世，只是鄺露哪裏肯，當時死說活說，他都要將琴帶走。當臨行之際，苗王便賜酒一杯，待鄺露飲訖，才對他說，酒中已經下蠱，蠱毒由公主親手所下，下的是「穿心降」。期以兩年，若鄺露不回苗疆，便依期心碎而死。鄺露聞言，一點也不驚惶，當下也就坦然別過了。

他也沒想到南明小朝廷會這麼快就覆亡，他才回到廣州，便知道朋友紛紛死難的消息。不幾日，清兵就入關了。

就在清兵正式操隊入關，舉行佔領儀式，冊封大明叛將尚可喜為平南王那天，鄺露卻命家人積集柴薪於四牌樓，那是清兵入城的必經之路。

年紀大點的廣州人，一定記得廣州的四牌樓。那是一條大路，其中一段建有明代進士的四個牌坊。廣府人將牌坊叫做牌樓，所以這條路便叫四牌樓，為自東往西的必經大路，當年可以由沙河通到西關十八舖。只是王亭之少年時，這條路已經沒落，只剩下些賣舊衫的故衣舖，繁華的地段已經轉至惠愛路。王亭之由城北去文德路看書，已經行惠愛路而不走四牌樓。

且說當日鄺露便坐在四牌樓的路中間，高高坐在柴薪之上，面不改容，只撫着膝上的綠綺臺琴，一邊唱，一邊望着來路。四圍的老百姓不敢開門，只在門縫偷窺動靜。及至望到清兵的馬塵，鄺露便喝令家人點火。一時火光熊熊，鄺露依舊撫琴唱詩如故。

清兵來到，只好停步，終於要繞道而過。

傳說當鄺露自焚時，天起風雲，人只見有一隻綠色的麒麟，自火堆中冉冉上升，一路飄至天際高處。由是廣州故老相傳，鄺露的前生是天上的麒麟下凡。四十年代，廣東名士簡又文將鄺露的故事編成劇本，由名伶廖俠懷扮演，戲名叫《天上玉麒麟》。

但戲文只做到鄺露在四牌樓自焚，可是往日所傳的故事，卻還多一條尾巴，那便是苗疆公主尋夫了。

且說苗疆公主在苗疆等了鄺露一年多，販茶鹽到苗疆的商販只說清兵已入廣州，卻不知道自焚的鄺露便是苗疆駙馬，因此那公主便心急如焚，反而埋怨當日錯聽父親的說話，於鄺露臨別前對他下降。

她心急，鄺露未必對自己變心，假如他給清兵囚禁起來，那豈不是兩年期屆便亦穿心而死。那公主當時便稟知苗王，親自帶着幾個近身婢女，拿着苗疆土司發給的文書，便由廣西來到廣州，尋訪鄺露的消息。

既到廣州，就往城北濠畔街鄺家去打聽消息，一打聽，老夫人已經傷心身故，鄺家凋零破敗，只一個老蒼頭看門，見到公主時，便不禁涕淚交流地向她訴說家主自焚的故事。那公主聞言，立刻叫蒼頭帶路，連門都不入就趕去四牌樓。就在鄺露自焚之處，向天拜祭。

這一祭，苗疆公主卻伏地不起，原來她已心碎，陪她來的苗婢，哭着將她的屍體運回苗疆。一時之間驚動了廣州父老，無人不為苗疆公主傷心。

於是古老相傳，苗疆公主的心碎，是因為下降頭失敗所致，下降不成反害自身，如若不然，怎會一哭便心碎而死。

鄺露這宗蕩氣迴腸的故事，真的值得討論。如果說是傷心而死，也很難解釋，為什麼會傷心到一伏地拜祭就死亡。世間多少有情人，多少傷心事，至多是因傷心而形銷骨立，漸漸身體虛弱而死，哪有一拜就心碎的道理。

如果說公主是服毒殉情，也說不過去，她貼身的侍婢哪有不嚴密提防的道理。況且公主在鄺家一知道消息就去四牌樓拜祭，由濠畔街去四牌樓的路程不遠，侍婢怎會提防不來。

所以除非說是公主原來就有心臟病，於拜祭鄺露時，因過分傷心，心臟病發。如若不然，則廣州故老相傳，苗疆公主是受降頭反害，這傳說便不謂無因矣。

照傳說，鄺露雖然是自焚而死，可是由於他死前的忠烈之氣，加上自焚的火，所以於死前等於已解降頭，因此下降頭的苗疆公主便反受其害。

不過這個說法亦有漏洞，對人下降會有反效果，那苗王豈有不知之理。既然如此，他就不應該叫女兒親手下降。座下還愁少精通下降頭的巫師耶，叫他們下，便安全得多。

但無論如何，這故事既牽涉及降頭，因此便有神秘之處。到底故事的真相如何，後人便只能猜測了。我們亦只好相信下降頭會害人不成反自害，這就是方術必有局限了。

巫蠱分男女二途

下降頭，中國古代一直稱為「蠱」。連《周易》都有「幹父之蠱」、「幹母之蠱」。前人解經，有將「蠱」解為「事」者，《周易》這兩句爻辭，便變成「做父親的事」、「做母親的事」，可通，不過不好。因為沒有指明是幹什麼事，太籠統。

王亭之認為，「蠱」當然是指巫蠱之事。在古代，巫蠱必以婦人為首領。楚人之祭，女巫為主，甚至西南少數民族，巫師頭頭亦為女巫。像保存着夏民族文化的彝人，每年祭虎，必以女巫扮黑虎，戴虎頭，拖虎尾，其餘的男巫則只拖虎尾而已，跟女巫的地位相差很遠。此真三代之遺風也。

奇怪的是，王亭之所見，夷島的土人巫師及加拿大的紅番巫師，亦都以女人為首。這或者正是母系氏族社會的殘留。可是惟有打獵之時，加拿大的紅番卻以男巫為主祭，唸咒、灑水，向四周灑象徵性的毒，據說用來毒殺猛獸，這些巫術都由男巫來做。

由是王亭之便聯想到我們中國，其巫蠱之術大概亦分男女兩途。男巫可能主軍事與田獵的祭祀及蠱毒，而女巫之蠱則便帶點陰私的性質了。所以《周易》才認為可以從事「父之蠱」，而不宜從事「母之蠱」也。

若如是而言，則下降頭便顯然屬於「母」類。

屬於「母」類的巫蠱之術，可以害人，古代稱之為禁咒。所以在民間傳說中，禁咒的傳授還有「母」類的痕迹。

拿《水滸傳》來說，宋江得到的天書，便是由「九天玄女娘娘」傳授。明代有過一場巫蠱造反的大亂，造反的首腦唐賽兒是個女子，而促成其造反的，亦是一本傳自「九天玄女」的天書。那唐賽兒不識字，便勾搭了一個姓何的道士來讀天書，據說果然能夠施「定身法」，又能夠「灑豆成兵」，這對野鴛鴦就以為可以戰無不勝了，便居然糾眾造反，後來給大儒王陽明打敗，儒家因此便說是儒士忠耿之氣，可以制妖了。

如果要舉，還可以舉出宋代的方臘、明代的徐鴻儒等歷史著名的妖人。他們的法術，都來自「女仙」，因此「母」類巫蠱真的有點可怕。尤其是那個「九天玄女」，忽邪忽正，王亭之對她的來頭甚感興趣。

追查起來，九天玄女實在是婆羅門教的女神，亦即婆羅門三大神之一濕婆的妻子。她是死神，同時也是生育之神，因此在神格方面也可以說是邪正交集。

她的名字，婆羅門稱之為「大黑女」，黑即是玄，是故傳到中國便成為「玄女」。再轉為「九天玄女娘娘」，那便是將她的名字中國化了。

總而言之，從世界各民族的原始信仰看起來，女巫比男巫可怕。時至今日，連中國都還有一個「玉皇大帝女兒」張香玉。

張香玉聲勢最盛時，可謂傾倒朝野，大家都想她幫自己。幫什麼，無非認為她可以用巫蠱之術，來替自己整倒別人，保住自己的權勢。

王亭之曾經聽一位國內人士說，阿甲和阿乙爭權，阿甲信張香玉，阿乙不信，結果張香玉就幫阿甲奪到權。諸如此類的故事傳說甚多，王亭之亦不知其真假。

還有一個學密宗的人，去見張香玉，張香玉一見便把他抱住，說是前生的師弟。這個學密宗的人居然引以為榮，後來就跟張香玉交換咒語了。張香玉因此學識了密宗一些「事業法」的咒，即是息災、增益、懷愛、誅滅四大事業法。

聽到這些故事，王亭之真的寧願怕張香玉都不怕張寶勝。張寶勝無非是詐傻扮懵玩魔術，如今已經給國內正式踢爆，那張香玉雖然身在囚牢，可是關於她的傳說，卻十分陰森可怕，怪不得連《周易》都認為「幹母之蠱」則主不祥。

狐仙只是靈異眾生

閑話少說，如今王亭之且一談自己的「家乘」。這宗家乘，便正跟女巫的蠱術有關，家族一向諱言，王亭之卻覺得不妨說出來。

這宗家乘，時代不遠，只須由祖父輩說起。王亭之的裔親祖父國威公居次，還有一位伯祖國政公。他們兩兄弟，一文一武，國政公是位進士，國威公則是武官，襲四品輕車都尉。

當時的人，講究父母在則不分家，所以曾祖廣楠公退休之後，不但家當不分，兩兄弟賺的錢都悉數歸公。

國威公有一次奇遇，即是在一年除夕，一口氣打平十家攤館。這件事雖與巫蠱之術無關，但卻事涉神怪，下文即將詳述。

王亭之家中一向供奉一位「大仙爺」，那是老祖宗從東北帶來的一位狐仙（已詳述於前文）。別人不信狐仙，王亭之卻信，因為小時候的確見過他的靈異，由是王亭之才會從小就沉迷於術數與道術，這位大仙爺，真的可以說影響王亭之一生，如今雖然修習西藏密宗，但卻依然認為可以用佛家的輪迴學說，來解「大仙爺」之類靈異眾生的存在。

依西藏的說法，由於眾生習慣於執着自我，便正由於這種執着，才會墮入無明而輪迴，靈異與否，這便是關鍵了。

一般眾生，死後便憑着自己業力的牽引而輪迴六道。這其間有一個過程，佛家稱之為「中陰身」，或「中有生」。

中陰身並不神秘，無非只是這一期生命與下一期生命之間的過渡狀態。

在一般情形之下，中陰身都會自然託生，由是取得下一期的生命。可是，卻有一些中陰身，能憑他們的力量反抗輪迴，由是便度過了中陰過渡期而依然未取輪迴。

他們到底有什麼力量，竟可以反抗業力的牽引呢？統而言之，可以稱為「願力」。願力有善有惡。譬如說，有發願為修行人做護法的，那麼，他們便既不解脫，亦不輪迴，成為靈異的生命。這是善的方面。

至於惡的方面，則例如懷着大忿怒心而死，死後念念不忘報復；或者對兒女太過牽腸掛肚，總想時時見着他們，諸如此類堅強的願力，都可以令中陰身越過過渡期，成為靈異眾生。這亦即世俗所說的遊魂野鬼了。

遊魂野鬼飄飄蕩蕩，往往便要找一託身之所，最容易託身的地方自然是墓穴，或者子孫所供的牌位。強有力的遊魂野鬼，往往便霸佔廟宇庵堂。尤其是前生修道的人，一旦成為遊魂野鬼，便更容易顯出靈異，這無非只是他們嘩眾取寵的手段，實在不足畏也。

狐仙之類，可以說是狐的遊魂野鬼。傳說他們中有一些，極力想下一世轉為人身，因此便以願力來抵抗業力，不肯輪迴。當成為遊魂野鬼之後，則極力行善，同時修道，希望業力得以改善而取人身——這是道家的說法，但亦不違反佛家的輪迴理論。同時，佛家所說的「天龍八部」，其中有些亦無非等於道家所說的狐仙或五通神而已。

例如「天龍八部」中有一種「乾闥婆」，便即聞香鬼。他們以香味為食，作正信佛教徒的護法，那便類似狐仙。

有人告訴王亭之，有一位白教喇嘛，去見識香港一間著名的道觀，還未進大門，即返身便走。他的弟子問他到底因何事故，喇嘛說：「裏頭一大群狐狸。」

對這傳說，王亭之疑信參半。說狐仙要香火，一點都不奇怪。可是，那喇嘛又何必返身便走呢，難不成他見到天龍八部，亦一樣迴避耶？如果傳說是真的話，這喇嘛便顯然有很重的分別心，以其盛名，實不應有此分別。所以王亭之對此傳說懷疑。

如今關於狐仙等靈異眾生的來頭已經說過，便可以接續述說王亭之的家乘了。這段家乘說跟所供的大仙爺有關。

家乘靈異事件

祖父國威公那年小年夜作了一個夢，這個夢，家乘傳說謂是報恩。事件牽涉的一家商號如今尚在，因此姑諱其名，僅稱之為大藥店。

這大藥店在廣州初創時，租的是王亭之家的物業，簡單點來說，便是大藥店有一位老師傅受冤屈，含恨而終，先祖國威公曾對這老師傅加以援手，他死後又照顧他的後人，因此，據說這老師傅便來報恩了。

在夢中，老師傅只對國威公說一句話：「今年年卅晚，鋪鋪開四攤。」國威公夢醒，不甚為意，朦朧中又再睡去，誰知剛一睡熟，依然又見老師傅，說的依然是這句話。

國威公這一遭醒來，便覺得事情十分怪異，想起老師傅生前喜歡賭番攤，心想，莫非真有蹊蹺。第二天，找着一個心腹的下人一商量，覺得不妨一試。

到了年卅晚，吃過年夜飯，國威公便帶着兩個隨從，悄悄坐轎去雙門底。這雙門底是當時廣州的旺地，攤館林立，由幾個地痞主持，背後的勢力是當時的西關守備李世貴。

說起這李世貴，實在也大大有名，如今廣府人說的：「唔駛問阿貴」，這個阿貴便是李世貴了。他主持當時的一宗大賭博，稱為「圍姓」（實在應該稱為「闈姓」才對，闈者，試場之謂也）。

這個賭博，賭的是什麼姓的士子中式。其中又分幾種賭法：賭什麼姓的人考中第一名（榜首）；賭什麼姓的人中式最多；賭有無一些稀有姓氏的人中式。諸如此類，花樣繁多。因為士子入場考試稱為入闈，所以這種賭博便稱為「闈姓」。

照道理，賭闈姓應該很公道，試官公平取士，賭徒又可以打聽哪個讀書人有學問然後才下注，那麼開賭的人便沒有什麼便宜。

誰知不然，當時的西關守備李世貴，跟一個名為劉學洵的人，把持了闈姓賭博，做大莊家，同時賄賂試官，左右中式人選，因為賭徒先已下齊注碼然後才開榜，所以到開榜前一晚還可以做手腳。那時廣州便有幾句民謠說道：「文有劉學洵，武有李世貴，若想中闈姓，除非第二世。」雖然如此，可是每年賭闈姓的人卻依舊風起雲湧，比起買「字花」實不遑多讓，只是為了掩人耳目，怕人說事涉試場，因此才將「闈姓」改稱為「圍姓」。

那時的人因李世貴能左右考試，所以說：「中不中，問阿貴」，可是對於有真材實學的人，李世貴亦不能完全左右，所以人們便稱讚這些人：「唔使問阿貴」，意思即是說肯定可以中式。

流傳下來，廣府人要表示肯定、有把握，便亦說「唔使問阿貴」了。

那時廣州沒有警察，城北是八旗子弟聚居之地，治安由八旗兵自己負責；城內分南海縣正堂及番禺縣正堂，將一個廣州分開兩半，由兩縣負責治安；然而兩縣之上，卻還有廣州府，知府亦有巡捕，地位比兩縣的捕快為高；府之上還有巡撫，領有「撫標」；巡撫之上則有總督，領有「督標」，這兩標軍隊則駐紮西關與南關；此外還有將軍，領「綠營」，則駐軍於東郊沙河一帶。

李世貴是西關守備，屬於「督標」；跟屬於「撫標」的西關把總，是廣州武官的兩個肥缺，因為城西多富商，又有荔枝灣一帶的風月場所，所以守備雖然只是五品官，把總更是七品官，芝麻綠豆卻實荷包腫脹。

像廣州有一件謀人妻子殺人夫的大案，主角沙三少，殺死女傭銀姐的丈夫，這個沙三少雖然有錢有面，在風月場所一擲千金，出入前呼後擁，實際上卻還未夠資格稱為「高幹子弟」，因為他的爸爸，無非只是七品芝麻官西關把總而已。不過因為窩娼聚賭賣鴉片，便居然成為一股惡勢力了。

先祖國威公倒夠資格做高幹子弟，先曾祖廣楠公官居一品，國威公自己又在將軍麾下做事，官居四品，只是家道卻並非富裕，以廣楠公為官一向清正之故也。

廣楠公清廉到什麼地步呢？每個月照例有一次全城文武官聚集，拜皇帝的長生祿位，向着那祿位高呼萬歲，俗語稱為「拜萬壽」。

「拜萬壽」並非全體官員一齊拜，依着品級，一批批來拜，拜完還要等，等全部官員拜齊，才按着品級上轎打道回衙。所以這個儀式，由寅時開始，至巳牌時份才結束，一共八個小時。全城文武官員，以兩廣總督為最大，駐防將軍的官階雖跟總督平衡，但亦要讓總督一步，所以「拜萬壽」便在總督衙門舉行。這便做成總督衙門下人的一筆大收入。為什麼呢？因為他們知道百官必定肚餓，拜萬壽又不能携帶下人在身邊，他們便乘機出售豬肉包，一兩銀子一個，加上一杯清茶，便是二兩白銀。

在咸豐同治年間，八旗已經沒落，兩三兩銀便夠一家人過活，廣楠公雖管治城北，連同三元里、小北一帶鄉下，然而每個月賙濟親戚故舊佃戶，開銷實在不少，所以便寧願不吃總督衙門的豬肉包，自己帶兩個炒米餅在衣袖，加上一粒話梅，那便可以連茶都不喝了。據說當日官場曾一度傳為笑話，說八旗武官實在孤寒。然而官若不貪，何來闊佬耶？

所以據家乘傳說，家中一向供奉的狐仙大仙爺，瞧不過眼便出手了。怎樣出手呢？說得神化一點，便是叫那藥店老師傅的鬼魂來報夢。

王亭之童年時聽長輩講家乘，曾經問道：「為什麼大仙爺要叫老師傅的鬼魂來報夢，他自己不報呢？」長輩的解釋是，大仙爺怕婦女污穢，當時國威公已經成婚，所以大仙爺便不親自向他報夢。

且說，當年年卅晚吃過團年飯後，國威公向公家帳房支五十兩銀，便帶着兩個隨從直往雙門底一家攤館。攤館的人見是生客，但卻帶着兩個下人打扮的人，再聽一聽，來人旗下口音，因此也不敢怠慢，連忙招呼茶水，又設法打聽來人的來歷。常言道，十賭九騙，開假攤是他們的慣技，所以便非打聽生面人的來歷不可。一打聽，便有點顧忌了，那些知客於是向荷官打個眼色。

當時在攤館賭錢的旗下人也不少，一見二老爺來到，連忙過來請安招呼，又紛紛出主意，押什麼寶。

國威公問：「剛開幾攤？」

那些人搶着答：「開三，四攤是盲門，由掌燈時份直到現在，沒開過一口四攤。」

國威公生平第一次賭番攤，拿的又是公家錢，雖然說有報夢，畢竟十五十六拿不定主意，從來知道賭攤忌盲門，因此便不敢下注。就在這時，據說是大仙爺在他耳邊，清清楚楚說道：「今年年卅晚，鋪鋪開四攤。」

國威公當時聽見耳邊有人說話，恰恰說的就是夢中藥店老師傅所說的兩句，於是頓時膽壯，高唱一聲：「好，我就買盲門。」吩咐隨從將五十兩一錠細絲元寶，押在「四」上。

從來賭攤的人，不作興買孤番，更忌孤番買盲門。攤館的人見國威公兩樣毛病都犯上，不禁心中暗笑，認為是水魚上門了。

誰知一開，全場轟天一聲響，開的正是四攤，一賠三，賠一百五十兩，扣五個水，也無非扣去七兩半，淨賠一百四十二兩半。

列位讀者，開攤的好處就在這裏。光是扣水，開一鋪便動輒扣十幾二十兩，即使不開假攤，每日光是水錢便是二三千兩，這些水錢都出在賭徒身上，試問賭徒有多少身家可供抽水耶？所以真的只可「小注怡情」，若長賭，身家必然盡歸賭館。

當下全場便只國威公一人獨贏。其餘依攤路下注的人，全軍盡墨。當中自然有許多人不服氣，存心要跟國威公對賭。這種賭徒心理，可謂莫名其妙，人家又不是贏你的錢，只不過是贏攤館，但他們卻偏氣往上衝，要跟贏家作對。

賭徒這種跟贏家作對的心理，真可謂貪、瞋、癡、妒、慢五毒皆備。想贏錢，是為貪；贏不到老羞成怒，是為瞋；認為自己始終會贏，不信邪，是為癡；自己贏不到，而人家居然贏了，於是妒；認為別人贏錢只是扶碌，論賭術，你如何及得我，此即為慢。王亭之不賭錢，便是怕五毒發作。

由是可知，作對的心理一生，照佛家的說法，便實為墮落三惡道之因，無可救藥也。

且說當時，國威公贏了兩口盲門四攤，先激怒的不是賭場，卻是西關一位大少。這位大少一二三攤買齊，偏偏不買四，然而卻依舊連開四攤，西關大少於是便頭上青筋暴脹、狠狠然，恨恨然而離去。國威公由是結怨。

據家乘傳說，是夜國威公只閉着眼睛，鋪鋪買四攤，不旋踵即打垮了一家攤館，此蓋同治年間的攤館不設限紅之故，若限紅，便不容易打垮。

國威公於是便移師第二間攤館，當時簇擁在國威公身邊的旗下大爺已多，同時還有人立即趕返旗下街，召集了馬甲、步甲旗兵以防萬一，因為攤館有李世貴的公安單位做後台，一個不好，國威公可能吃虧。

兩個時辰，國威公已打到要令十間攤館聯手來受注，這一注，下十萬兩白銀。王亭之小時候還能見到祖父手下的一個家人，其時已行年九十以上，他親眼見開這口攤，那時他只是個小廝，當時正因為他年紀小，所以才叫他擔任通風報信的工作，以其不受人注目也。照他的說法，當時簡直是西關「督標」兵跟城北八旗兵紮馬，將軍屬下的綠營幫八旗，「撫標」則幫

「督標」，四支兵隨時火拼，只待李世貴一聲令下。李世貴則親臨賭館，看着開這口攤。攤館自然派出高手來扒攤，連荷官都是廣州賭業的響噹噹人馬，幾個精於賭攤的旗下大爺則分站在攤枱的四角，虎視眈眈，提防抓攤時出千。另外一些精壯，則保護着國威公以及贏得的銀兩與銀票。氣氛之緊張，簡直可拍電影。

開出的攤，邪即是邪，果然又是四。荷官望望李世貴，然後照賠，叫賬房拿銀票出來，還涎着臉求打賞。

李世貴突然在一個隨從耳邊說了幾句話，氣氛便立時緊張起來。那隨從出來攤枱傳話，說李世貴要跟國威公再賭三口，每口賭二十萬兩。一共六十萬兩白銀，即使在今日也是個大數目，何況是百年以前。

國威公提出要找公證人，恰恰這時已驚動到兩廣總督衙門，總督派一個文案帶同幾個捕快去攤館傳話，叫大年初一不可生事，因為那時早已過了子夜，是年初一了。李世貴便要這文案做證人，親自開了三口攤，連開兩口四，第三口，李世貴雙眼發紅，結果開一，據說，當時在場的人見到他出千，加多一粒攤皮，但因為這已經是最後一口攤了，算起來，李世貴三口攤也輸了二十萬兩，不想節外生枝，也就算了。

於是由總督衙門的文案，跟那幾名捕快，親自護送國威公回家，一眾旗下大爺自然擁着在轎馬之後跟隨，一行人，一眨眼便已去到「將軍前」，已遠離西關地頭，國威公先換過官服，跟將軍拜年，然後就借將軍衙門的轎房，點算銀兩銀票，給一眾人等一一打賞，一下子就打賞了過十萬兩。

國威公回到家中，拜年的親戚盈門，然而廣楠公卻已在內堂家法侍候。當時的父權很高，兒子便是五、六十歲，父親說打就打。去賭錢，還弄出許多事端，若給御史老爺知道，聞風上摺參奏一本，一場官司下來，說不定便要破家，如斯大罪，還不該打。

當日一場風波過後，廣楠公叫國威公立即辭職，棄官從商，因為賭錢實在跟官箴有損。他贏得的錢，歸公家所有，也即是說等於兩兄弟平分，因為當時既未分家，而且賭本也是拿公家的錢。

這樣處置，若時在今日一定遭到反抗，但當時卻認為是天經地義。誰知這樣一來，以後家族中就牽涉入巫蠱事件了。

三代命運如出一轍

國威公生平兩度續娶，前後一共生下七八個子女，結果只紹如公一人長大，紹如公還有一妹，長到八歲才吐血而死，其餘的子女，全部未對歲就夭折。

紹如公亦兩度續娶，前後亦生下四五個子女，結果只有王亭之一人長大，其餘的子女全部未對歲就夭折。十足十國威公的翻版。

不只此也，紹如公的命是撿回來的，王亭之的命也是撿回來的，父子生死命運竟如出一轍，何其巧合也耶？

紹如公去世前，對於這段家乘隻字不提，但從大人的舉動，王亭之亦已隱隱約約感到有點蹊蹺。那時是聚族而居，國威公二房雖子孫單薄，但是大房卻共存三子十餘孫。什麼時候分家呢？直至紹如公去世，老大房與老二房才分家。

當時分家，由一位老輩主持，將所有產業分為兩份，表面上很公平，實際上是一份多一份少，兩房人抽簽，大房先抽，自然抽到多的一份。

本來這樣也就算了，孤兒寡婦還有什麼可爭呢？誰知不然，長房入稟法院，說要代王亭之管理遺產，因為寡婦不能管產業云云。

那時的廣州，正是國民黨日暮崦嵫之際，法院烏天黑地，這樣的狀詞居然受理，而且立即下令凍結產權直至審結為止。

那時，幸虧紹如公生平結交到一些好朋友，其中有幾位好友還是享盛名的律師，於是由他們出面，聯同當時廣州的名律師一共十人，代王亭之入稟高等法院，撤銷地方法院的產權凍結令。那時廣州的報界亦跟先父有交情，例如筆名「二先生」的冼細柳冼伯，即是紹如公的生死之交，於是幾家報紙便將新聞做大，訪問法律界人士，說明地院之無法無天，違反憲法，連報紙副刊都出現「奪產案」的「新聞小說」，在種種壓力之下，長房才收手。

不過這些產業其實亦享用不長，前後兩年，政局就翻天覆地大變，再過幾年，產業就全部收歸公有，若早知如此，相信長房亦未必會花心機來下毒手。

王亭之對於產業的有無，從來處之泰然。五十年代時愛黨愛國，對產業視同無物。後來學佛，更加體會到「無常」的道理。八年前居夷島修密，由最基本的「外加行」修起，修皈依、發菩提心、觀六道苦、觀無常、觀死決定至等等，對自己的生平加以反思，於是人生觀更加積極，而對財富的得失乘除更不掛在心上，因為人生最寶貴的只是這個人身，若不乘着自己有人身時修，無常一至之時便更難預算。

因此，王亭之將秘密家乘公開，目的不在於對人，只是對事而已。

家乘巫蠱事件

王亭之整理紹如公的遺物，有一個小羊皮箱，用隻簧鎖鎖上。舊式的鎖，雙簧鎖已經算做最保險的鎖，足知此小羊皮箱之珍貴。

打開這個箱，裏頭什麼值錢的東西都沒有。只有一張命紙，用「紫微斗數」來批，批者署名「劉星台」，另有一個圖章，印文是劉伯溫第二十幾世裔孫（到底是二十幾世，已記不清楚了）。此外還有一疊信。

看看批命的日子，屈指一算，紹如公那時才十歲。再看批章，有準有不準。例如批「子女宮」，王亭之還記得那兩句詩：「一子送終無所憾，家財散盡又重興」。王亭之果然散盡家財。少年時，用康熙乾隆瓷器來吃飯飲茶，不知打破了多少，現在才知道，件件瓷器都可以入拍賣行。光是這一點，即可知所散盡的家財為如何耳。只是若說「重興」，恐怕還輿不到先世的千分之一，然而畢竟總算有瓦遮頭，有口素菜可食。

批紹如公的「壽元」，兩句詩是：「五十壽元君欠一，積德延年實在人。」詩後有硃筆批道：「此關必可過。積德延年一紀，積大德可延二紀」。一紀是十二年，紹如公逝世時享壽六十有四，那麼是延了十五年壽了，是一又四分一紀。所以這一條批章，不知算是準還是不準。然而奇怪的是「此關必可過」這一句。

王亭之解開那疊信，原來用紅絲繩綑着，信封外有一張反摺的紙。一翻看，則是國威公的字迹。細讀之下，王亭之嚇了一跳。

這字條的內容大略說：子女皆咯血，憂心似煎。於路上遇見劉星台，劉星台說色氣不佳，於是開壇觀星，謂子女被蠱，此處存劉星台來信十餘封，即事情本末也。

王亭之於是明白，紹如公的命盤批章中，說「此關必可過」，指的應該是「被蠱」之事。於是才想起，小時候庶祖母一再叮囑，不可吃外人給的任何食品，有一次王亭之吃了長房一個長輩的一塊酥糖，庶祖母知道，立即叫人拿滕鞭來，輕輕打了三藤，這大概便亦跟當年的蠱事有脈絡。

於是急急拆開所有的信，原來每封信還都附有國威公的覆函底稿。

至於為什麼會同居一地，卻要書信來往呢？在劉星台的第一封信中亦說得清楚：彼此不便時時見面，所以託梁蘇記代交此函，若有覆函，亦交梁蘇記可也——梁蘇記那時是國威公的租客，當時應該還是一個修補洋傘的小店。店在城北，解放前叫惠愛西路，如今則不知叫什麼路名了。據家乘所說，梁蘇記的發家還跟此事有關，只是其後人都恐怕已不知矣。

將國威公跟劉星台的全部通信讀罷，王亭之果然知道全部事情的本末。

頭兩天，劉星台失敗，所以紹如公的病情加深，王亭之的八姑姐則七孔流血而死。國威公為此甚為憂心，覆劉星台的書函中充滿哀傷。劉星台於是便送來一個斗數命盤的批章，安慰他。同時叫國威公做兩件事。

宣稱誠恐紹如公不治，替他沐浴更衣，暗中將一條符放在頂心，用頭髮遮掩，再戴一頂瓜皮帽蓋住。貼着心口又放一道符。照劉星台的說法，這叫做「保命符」。符到底畫成什麼樣子，王亭之無緣見到，因為當時已經用去，而國威公其時亦自然無暇保留符的式樣，因為他也料不到將來會有一個孫男，對術數如是好奇。

劉星台又吩咐國威公，用一分鴉片煙燒成泡，溶化在參湯裏，每日分兩次餵紹如公飲。照王亭之猜，這是劉星台在爭取時間。當時的人叫鴉片煙做「福壽膏」，認為可以治病，事實上亦可收麻醉神經之效，劉星台作法既無效驗，便用此處方求延命矣。

果然，接着就有好消息了。劉星台來一封信，王亭之還記得劈頭的一句寫道：「昨夜與妖人鬥法」云云。這一句，看起來真有章回小說的味道。

劉星台這封信很長，指示國威公在星夜子時到城北濠畔的三聖廟，如何祭祖，在什麼地方發掘，掘多深。如果掘到桃木人之類，便立刻連同隨函附上的符一起焚化。

他又叮囑國威公，要多帶人手，會同南海縣捕快前訪，誠恐三聖廟的廟祝已受買通，屆時橫生枝節。

王亭之於是急急讀國威公的覆函，謂依言前往，果然不到三尺即掘到兩個木人，背書着紹如公兄妹的生辰八字，信中還有附圖，在何處有釘，何處有硃砂點記。

信中又說，在捕快審訊下，廟祝承認受賄一兩白銀，便讓人埋此兩個木人，同時招供，在三聖壇前的七星燈亦為埋木人者所供，因此問劉星台對這盞燈應如何善後。

劉星台接着覆函、說主事人福命大，因此雖然破法，亦應無事，但其手下經手此事的人一定有難，囑國威公留意。至於七星燈，吹熄後棄之可也。又吩咐對那廟祝只施薄懲可也，不必過分為難。信中還有兩句話，很打動王亭之的心：「魘壓之術能得否，亦須視受害者之福命，令嫒福命本薄，是故難逃此劫。」這兩句話令王亭之想到，若紹如公的福命大，那麼，沒有劉星台作法，是否亦能安然無恙呢？由是對於巫蠱之事，王亭之研究的興趣便更大。

後來還有兩封通信，是掘得桃木人的翌日，長房有一個老奶媽忽得急病而死。

老奶媽輩是身份很高的下人，常常是老夫人輩的親信。少爺仔給他們奶大後，留下奶媽來照料，直至少爺娶妻生子，由少爺變成老爺，她們仍然不離去，日常的事務便是挑剔一下傭人，替老夫人作耳目。心術不正者則還挑撥一下老夫人跟少夫人的婆媳關係，心地善良者則代少夫人向老夫人做公關，所以無論其人好壞，總之甚有權威。

此輩老奶媽，通常又喜歡引三姑六婆入門，若「三姑六婆實淫盜之媒」，則此輩便多是「淫盜之媒」的媒介。王亭之自小對此輩即敬而遠之。所以，如果說老奶媽會做巫蠱之事的穿針引線，絕對可以相信。

不過一雞死，一雞鳴，紹如公後來娶妻生子，亦依舊相繼夭折，甚至連妻子都二十餘歲便逝世。聽說，紹如公也不是沒想過辦法，所以自己修東密，又結交道家的朋友和方術之士，後來據說結交了盧師傅後，才生下王亭之，其時他已年過半百——所以王亭之的老表，如今個個都已年過八十，有些冥壽已達百年。新聞界中的賈伯賈訥夫，已經算是王亭之年輕一點的老表，此外健在者還有畫人賀文略，以及北京佛教界的周紹良。

王亭之生下來之後，據說每晚一到凌晨一時，就必然夜啼，聲震屋瓦。要怎樣才止哭呢？必須給人抱出家門，往光孝寺那邊走，走近寺門才自然止啼。

那時後宅的後花園跟光孝寺的睡佛樓只一牆之隔，試試抱王亭之去後花園，果然亦管用。因此，王亭之三歲前，實在晚晚躺在近睡佛樓的一座涼亭石櫈上睡覺，只天寒風雨之夜才例外——那時候便緊張了，紹如公修東密的「不動明王」法；庶祖母盧太君則起來唸經；而王亭之則哭啼如故。

三歲前，王亭之又害過三場大病，其中一次，據說由當時廣州的十大名醫一齊會診。紹如公精通醫道，是「十大」之一，餘外便是傅星垣、張香雪等人。解放後，給評為十大名醫之一的董岳琳，是王亭之的表兄，當時亦來看十大名醫如何會診處方。如今他的令郎董進亦懸壺濟世，王亭之算是他的表叔了，有傷風感冒，一定找他開幾味。

所以王亭之幾乎懂說話就識唸咒，唸的是觀音六字大明咒；年紀小小就跟盧師傅學道家。盧師傅官名「廣進」，但卻不知道是「進」字還是「俊」字，抑或是「晉」字。前人講究避諱，所以對於前輩的官名反而有點模糊。他是道家西派弟子，道號「江奇」，輩分甚高。

道家西派只內煉金丹，不修符咒，所以盧師傅對於王亭之生病之事，無能為力，雖懷疑是巫蠱施術，也只是說：「內氣強則百邪不侵，根基厚則百病不害。」由是更督促王亭之用功，如是而已。

所以王亭之自己，也不清楚自己童年是否給人施過法術企圖害命。但前輩則認為，夜間的哭啼十分有可疑，必然是覺得不舒服才會哭，一出街或到後院就不哭了，那是脫離了施術的範圍，人才覺得舒服。到底是否如此，那就真的成為疑案。

不過後來有一名婢女給人收買，用生銹鐵線來插王亭之的眼，以致王亭之幾乎失明，甚至喪命，那倒是事實，後來給大悲咒水治癒，算是跟觀音有緣，但由此卻可證明，王亭之一生下來就乞人討厭，必去之而後快也。至於為什麼會如此乞人憎，則連王亭之自己都不明白。

有一位報界老人家的批評是：「你王亭之成日給人一個感覺，阻住人家的位。」這倒真的是事實，像自己童年，就阻住人家擁有全部家財的位，及至老來，雖然自顧自寫書評、談術數、講佛學，看在人家眼中，皆阻位也，寧不討厭也耶。

不過如今已經比從前好了許多，巫蠱之事至少已不會發生在王亭之身上。

東密「降三世明王」調伏法

在日本東密的「降三世明王」秘法中，有一個「調伏惡人」的秘法，其中即分三個「調伏」次第。

第一是令惡人自動來和解；第二是令惡人久病不起；第三是令惡人立刻死亡——由「調伏」的內容可知，這便即是典型的巫蠱之法了。東密原屬佛家，但層次愈低的密宗，卻偏愈多這類事涉巫蠱的修法，在佛家而言，這叫做「方便法」，是為遷就世人願望而行的法，絕不鼓勵修行人去修，西藏密宗更斥之為「黑法」，修黑法的喇嘛甚受別人鄙視。然而無論如何，在密法中總算是有此紀錄，難怪許多人因此便視密宗為邪。

不過，於各種宗教文獻中，亦惟密宗才有此公開紀錄，所以我們亦不妨就此作一探討。那就勝於脫離文獻來瞎猜。

首先，我們須瞭解何謂「降三世明王」。降三世其實應該稱為「降三毒」，即是降伏眾生心識中的貪、瞋、癡三種醜惡，因為這三種醜惡心識為世間所普遍共有，是故便名之為「降三世」。至於明王，則是一個佛部中的忿怒尊。佛部有五，所以便有五大明王，即降三世明王、不動明王、軍荼利明王、大威德明王、金剛夜叉明王。加上馬頭明王、大輪明王、步擲明王，則為八大明王。

這降三世明王，是東方金剛部的忿怒尊，形相為三面八臂，面上各具三隻眼睛，頭髮如火燄向上飄揚。中央二手結着他自己的手印，餘下的六手，右方三手依次持金剛鈴、金剛箭、金剛劍；左方三手依次持三股戟、金剛方印、金剛索。雙足踏着大自在天王及其王妃，表示降伏世間——他的手印以及真言，不必在這裏介紹，因為與我們研究的主題無關。

欲調伏惡人時，先造三角壇，即是用磚石搭起一個三角形的火爐，像公園中野餐爐的樣子。然後向南方拾取「惡木」來施法。

什麼叫「惡木」呢？包括有荊棘的枝、已腐爛的枝、給蟲蛀過的樹幹等。總之，這只是一種表義，將能帶來傷害以及不祥的東西，統統推給對方。

於是修法唸咒，每唸一遍咒，就在三角壇內燒一根「惡木」，同時想像「惡木」的本質已附着對方身上。例如燒一根帶刺的木，便想像木刺已刺着對方的心，諸如此類。

據說，如是修法唸咒三百二十四遍，即將三百二十四根「惡木」完全燒掉之後，受調伏的惡人便會自動來降伏，或請求和解，或終生成為你的奴僕。

我們可以將這種修法，視為一種精神力量的控制，其理有如催眠。

如果要令所調伏的惡人生病，那麼，便須一邊結壇修法，一邊唸咒，同時每唸一咒即燒一粒黑芥子，一共要燒一千零八十粒黑芥子。

燒芥子時唸的咒，跟燒「惡木」時唸的咒不同，唸完咒，要高聲呼喝所調伏的人之姓名，同時想像黑芥子為病魔，令其附着於對方身上。燒時，又要想像此病魔已發揮作用，集中攻擊對方的一處器官，如肝、腎、肺之類。

據說，當燒完一千零八十粒黑芥子時，對方就會生病，但卻不會死亡。

倘如要為人化解，則不燒黑芥子而燒白芥子，想像白芥子化為降三世明王，入對方身中為其除去病魔，如是燒完一千零八十粒，則對方的病便可解——據說，此法還可以用來解別人所施的蠱降，不單只是解自己所「調伏」而致的疾病。

這就真正是巫蠱之事的層次了。學密宗的人如果只對這類低層次的密法感興趣，那就根本不能稱為學佛。

在施法過程中，沒說要給對方吃點什麼，純粹是企圖用精神作用來令對方生病，或用精神力量來替對方除病，是否有效，王亭之亦不得而知，但總覺得十分之邪門，同時亦不相信，光靠密宗的「觀想」（想像）就有這令人得病或除病的精神力量。

修的最惡調伏法，是令人得急病死亡。其法為在三角壇中先燒種種「惡木」及馬糞之類，又再燒種種祭品，以及黑色的「食子」，然後以大忿怒心，結着手印來唸咒。在壇爐中，放上象徵惡人的偶像，偶像上又寫上一些咒字，於是一邊唸咒，一邊向偶像灑沙及芥子。

據說，當唸完一百零八遍咒之後，再用刀來刺這偶像，然後唸咒將偶像焚燒，想像所調伏的對象死亡，那麼，對方就會得急病。如是重複修法三日、五日、七日，乃至七七四十九日，對方無有不死。

倘如要替對方解禁咒，則是以慈悲心來柔聲唸咒，再替對方向壇城獻上供養，這樣便可以令人康復。

這樣的禁咒死亡之法，亦沒有提到要給對方吃點什麼，所以純粹是用精神的力量。裏面倒提到，如果有對方貼身的衣物或毛髮之類，於燒偶像時一起焚燒，力量會更大，這就更似關於南洋降頭的傳說了。

王亭之懷疑，下三部密有這種調伏法，實在是印度婆羅門的法術，亦即印度的原始巫術。當密法傳播時，一些修密的人將之吸收，是故密法中才有這些巫蠱之事。但精神力量能否如此之大，能致人於死，值得懷疑。

另有一個「大威德明王調伏法」，要求則高一點。如果將這類法術視為精神力量，那麼，要求高些的話，便應該精神力量更大。

此調伏法有二。一個是結三角壇修法，唸誦真言一萬遍，唸時結印。既畢，取黑泥作偶像，並於其腹中放置驢糞。事前準備驢骨做的金剛橛五枝，此際即取之為用，每橛各唸咒一百零八遍，於是以二枝分釘泥像的左右肩，二枝分釘泥像的左右脛。最後取一枝，唸咒一千，直刺泥像的心。

釘畢，將泥像平放在壇前，用安息香將之慢慢燃燒，修法的人再唸真言一萬遍，想像明王將其人誅滅。據說，怨敵便會吐血死亡。

另外一個法，溫和許多，結三角壇修火供七夜，然後用荊棘柴燃火。先準備苦煉子葉一百零八件，於每件樹葉上書寫對方的姓名，於是唸着真言，喝着對方的名字，將樹葉逐件擲入火中。據說，樹葉燒畢，其人即會降伏。

這種調伏法，巫術的色彩更加濃厚，而原始色彩亦十分濃厚，相信必為古代印度民間的巫術。從前廣州有些拜神婆，用黃紙寫上受禁咒者的名字，一邊詛咒，一邊將之擲入火中，這個做法便跟燒苦練子樹葉無異。至於鵝頸橋打小人的拜神婆，蓋亦古代巫術之孑遺而已。關於巫蠱禁咒之事，始終是個疑團。

巫蠱非科學所能解釋

巫蠱之事不同道術，所以正宗道家不將巫蠱降頭之類列為道法。我們看看晉代葛洪的《抱朴子外篇》，裏頭列有隱形神遁、玉女變化、禁制野獸、水面行走種種法術，絕不見有禁咒生人的巫術，邪正之別蓋由此知之矣。

然則巫蠱之事雖非正法正道，亦非科學所能解釋，可是，為什麼時至今日卻依然流行不絕呢？所以王亭之相信，此中一定有包括下藥、下毒的手段。因此東南亞一帶的降頭，才會給人認為是控制病毒或細菌。倘如只靠釘桃木人、唸咒等等法術，那就未免太過事涉虛誕。雖或解釋為「精神致病之術」，可是，單方面的精神運用，又如何保證一定能令對方生病呢？

王亭之前面述說過的一系列巫蠱之事，除了怡保那個賣燒雞的土女與法國工程師的故事之外，其餘的故事，都同時有下藥下毒的可能，所以王亭之始終不相信光是「精神」之術便可以致人於病。不過亦不全部排除「精神」的作用。據說，氣功師發氣可以影響試管中細菌的繁殖率，這是可信的事，所以於下藥下毒的同時，巫師若同時用精神的力量來催發病毒或細菌，是則亦應視為合理。

如今有許多病菌依然被視為稀有，無藥可治，焉知這些病毒細菌不是控制在一些原始巫師手上也。

方術紀異 上

作者
王亭之

編輯
圓方編輯委員會

美術統籌及設計
Ami

出版者
圓方出版社
香港鰂魚涌英皇道1065號東達中心1305室
電話：2564 7511
傳真：2565 5539
電郵：info@wanlibk.com
網址：http://www.wanlibk.com
http://www.formspub.com
http://www.facebook.com/formspub

發行者
香港聯合書刊物流有限公司
香港新界大埔汀麗路36號
中華商務印刷大厦3字樓
電話：2150 2100
傳真：2407 3062
電郵：info@suplogistics.com.hk

承印者
合群（中國）印刷包裝有限公司

出版日期
二〇一一年七月第一次印刷
二〇一七年六月第二次印刷

Published in Hong Kong by Forms Publication,
a division of Wan Li Book Company Limited.
ISBN 978-988-8103-55-3

瀏覽網站

會員申請

歡迎加入圓方出版社「正玄會」！

「正玄會」會員除可收到源源不斷的玄學新書資訊，享有購書優惠外，更可參與由著名作者主講的各類玄學研討會及教學課程。「正玄會」誠意徵納「熱愛玄學、重人生智慧」的讀者，只要填妥下列表格，即可成為「正玄會」的會員！

您的寶貴意見

您喜歡哪類玄學題材？(可選多於1項)

□風水　□命理　□相學　□醫卜

□星座　□佛學　□其他________

您對哪類玄學題材感興趣，而坊間未有出版品提供，請說明：

____

此書吸引您的原因是：(可選多於1項)

□興趣　□內容豐富　□封面吸引　□工作或生活需要

□作者因素　□價錢相宜　□其他________

您如何獲得此書？

□書展　□報攤/便利店　□書店(請列明：________)

□朋友贈予　□購物贈品　□其他________

您覺得此書的書價：

□偏高　□適中　□因為喜歡，價錢不拘

除玄學書外，您喜歡閱讀哪類書籍？

□食譜　□小說　□家庭教育　□兒童文學　□語言學習　□商業創富

□兒童圖書　□旅遊　□美容/纖體　□現代文學　□消閒

□其他________

成為我們的尊貴會員

姓名：________　□男 / □女　□單身 / □已婚

職業：□文職　□主婦　□退休　□學生　□其他________

學歷：□小學　□中學　□大專或以上　□其他________

年齡：□16歲或以下　□17-25歲　□26-40歲　□41-55歲　□56歲或以上

聯絡電話：________　電郵：________

地址：________________

請填妥以上資料，剪出或影印此頁黏貼後寄回：香港鰂魚涌英皇道1065號東達中心1305室「圓方出版社」收，或傳真至：(852) 2565 5539，即可成為會員！

＊請剔選以下適用的選擇

□我已閱讀並同意圓方出版社訂立的《私隱政策》聲明#　□我希望定期收到新書資訊

顧客通告：個人資訊
圓方出版社收集個人資料作出聲明，本私隱政策聲明是根據香港特別行政區《個人資料（私隱）條例》－第486章（「條例」）。
個人資料收集
圓方出版社收集顧客資料包括顧客之姓名、電郵地址、郵寄地址、電話號碼、傳真號碼及各項喜好。
個人資料之使用
圓方出版社之顧客個人資料將直接用圖書業務，並向顧客傳遞以下訊息：
1) 新書；2) 特別推廣及優惠；3) 銷售；4) 活動；5) 公司之資訊
個人資料之披露
圓方出版社只授權已獲權限之人士處理顧客個人資料作有關圖書銷售之業務，不會銷售、租借、分享任何顧客個人資料給第三方或不屬於同一機構，除非得到顧客之同意。
查詢核對或修改個人資料
顧客可以發電郵到 info@wanlibk.com 查詢核對或修改其個人資料。

請填妥後對摺，黏貼後即可直接郵寄謝謝

請貼郵票

寄

香港鰂魚涌英皇道

1065 號

東達中心 1305 室

「圓方出版社」收

請填妥後對摺，黏貼後即可直接郵寄 謝謝

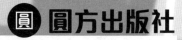